MERCADO DA ATENÇÃO E ARENA MIDIÁTICA

CONTEÚDO, PARTICIPAÇÃO E AUDIÊNCIA

PERSPECTIVAS, PROCESSOS SOCIAIS E DISPUTAS NA COMUNICAÇÃO

Editora Appris Ltda.
1.ª Edição - Copyright© 2025 dos autores
Direitos de Edição Reservados à Editora Appris Ltda.

Nenhuma parte desta obra poderá ser utilizada indevidamente, sem estar de acordo com a Lei nº 9.610/98. Se incorreções forem encontradas, serão de exclusiva responsabilidade de seus organizadores. Foi realizado o Depósito Legal na Fundação Biblioteca Nacional, de acordo com as Leis nos 10.994, de 14/12/2004, e 12.192, de 14/01/2010.

Catalogação na Fonte
Elaborado por: Dayanne Leal Souza
Bibliotecária CRB 9/2162

O488m
2025

Oliveira, Cinthya Pires
  Mercado da atenção e arena midiática: conteúdo, participação e audiência: perspectivas, processos sociais e disputas na comunicação / Cinthya Pires Oliveira. – 1. ed. – Curitiba: Appris, 2025.
  191 p. ; 21 cm. – (Coleção Ciências da Comunicação).

  Inclui referências.
  ISBN 978-65-250-7642-3

  1. Economia da atenção. 2. Audiência. 3. Comunicação. 4. Mídia. 5. Participação social. 6. Economia política. 7. Produção de conteúdo. I. Oliveira, Cinthya Pires. II. Título. III. Série.

CDD – 302.23

Livro de acordo com a normalização técnica da ABNT

Appris
editorial

Editora e Livraria Appris Ltda.
Av. Manoel Ribas, 2265 – Mercês
Curitiba/PR – CEP: 80810-002
Tel. (41) 3156 - 4731
www.editoraappris.com.br

Printed in Brazil
Impresso no Brasil

Cinthya Pires Oliveira

MERCADO DA ATENÇÃO E ARENA MIDIÁTICA
CONTEÚDO, PARTICIPAÇÃO E AUDIÊNCIA
PERSPECTIVAS, PROCESSOS SOCIAIS E DISPUTAS NA COMUNICAÇÃO

Appris editora

Curitiba, PR
2025

FICHA TÉCNICA

EDITORIAL	Augusto Coelho
	Sara C. de Andrade Coelho
COMITÊ EDITORIAL	Ana El Achkar (Universo/RJ)
	Andréa Barbosa Gouveia (UFPR)
	Antonio Evangelista de Souza Netto (PUC-SP)
	Belinda Cunha (UFPB)
	Délton Winter de Carvalho (FMP)
	Edson da Silva (UFVJM)
	Eliete Correia dos Santos (UEPB)
	Erineu Foerste (Ufes)
	Fabiano Santos (UERJ-IESP)
	Francinete Fernandes de Sousa (UEPB)
	Francisco Carlos Duarte (PUCPR)
	Francisco de Assis (Fiam-Faam-SP-Brasil)
	Gláucia Figueiredo (UNIPAMPA/ UDELAR)
	Jacques de Lima Ferreira (UNOESC)
	Jean Carlos Gonçalves (UFPR)
	José Wálter Nunes (UnB)
	Junia de Vilhena (PUC-RIO)
	Lucas Mesquita (UNILA)
	Márcia Gonçalves (Unitau)
	Maria Aparecida Barbosa (USP)
	Maria Margarida de Andrade (Umack)
	Marilda A. Behrens (PUCPR)
	Marília Andrade Torales Campos (UFPR)
	Marli Caetano
	Patrícia L. Torres (PUCPR)
	Paula Costa Mosca Macedo (UNIFESP)
	Ramon Blanco (UNILA)
	Roberta Ecleide Kelly (NEPE)
	Roque Ismael da Costa Güllich (UFFS)
	Sergio Gomes (UFRJ)
	Tiago Gagliano Pinto Alberto (PUCPR)
	Toni Reis (UP)
	Valdomiro de Oliveira (UFPR)
SUPERVISORA EDITORIAL	Renata C. Lopes
AGENTE	Kamile Henkes
PRODUÇÃO EDITORIAL	Sabrina Costa
REVISÃO	Andrea Bassoto Gatto
DIAGRAMAÇÃO	Ana Beatriz Fonseca
CAPA	Mateus Porfírio
REVISÃO DE PROVA	Lavínia Albuquerque

COMITÊ CIENTÍFICO DA COLEÇÃO CIÊNCIAS DA COMUNICAÇÃO

DIREÇÃO CIENTÍFICA	Francisco de Assis (Fiam-Faam-SP-Brasil)
CONSULTORES	Ana Carolina Rocha Pessôa Temer (UFG-GO-Brasil)
	Antonio Hohlfeldt (PUCRS-RS-Brasil)
	Carlos Alberto Messeder Pereira (UFRJ-RJ-Brasil)
	Cicilia M. Krohling Peruzzo (Umesp-SP-Brasil)
	Janine Marques Passini Lucht (ESPM-RS-Brasil)
	Jorge A. González (CEIICH-Unam-México)
	Jorge Kanehide Ijuim (Ufsc-SC-Brasil)
	José Marques de Melo (In Memoriam)
	Juçara Brittes (Ufop-MG-Brasil)
	Isabel Ferin Cunha (UC-Portugal)
	Márcio Fernandes (Unicentro-PR-Brasil)
	Maria Ataíde Malcher (UFPA-PA-Brasil)
	Maria Berenice Machado (UFRGS-RS-Brasil)
	Maria das Graças Targino (UFPI-PI-Brasil)
	Maria Elisabete Antonioli (ESPM-SP-Brasil)
	Marialva Carlos Barbosa (UFRJ-RJ-Brasil)
	Osvando J. de Morais (Unesp-SP-Brasil)
	Pierre Leroux (Iscea-UCO-França)
	Rosa Maria Dalla Costa (UFPR-PR-Brasil)
	Sandra Reimão (USP-SP-Brasil)
	Sérgio Mattos (UFRB-BA-Brasil)
	Thomas Tufte (RUC-Dinamarca)
	Zélia Leal Adghirni (UnB-DF-Brasil)

E não vos conformeis com este mundo, mas transformai-vos pela renovação do vosso entendimento, para que experimentei qual seja a boa, agradável, e perfeita vontade de Deus.

(BÍBLIA, Romanos 12:2; Edição Almeida revista e corrigida)

AGRADECIMENTOS

Ninguém escreve um livro sozinho, da mesma forma que ninguém aprende e desenvolve sua profissão sozinho. Obviamente há um esforço maior daquele que é responsável pela sua própria jornada e pelas escolhas de trajeto, mas ao olhar para o lado, para trás e até mesmo para frente, são muitas vozes que contribuem em níveis distintos para o andamento de uma pesquisa. Então destaco aqui algumas referências, sem a pretensão de esgotar a lista.

Aos meus pais, Daniel Oliveira e Maria Oliveira, pela base e pelos ensinamentos.

Ao meu irmão Clayton Oliveira (*in memoriam*), por me ensinar a persistir sempre.

Ao meu amado Moisés de Oliveira, pelo apoio incondicional.

Ao Adilson Vaz Cabral, pela trajetória acadêmica.

À querida Eula Dantas Cabral, pelo entusiasmo e pela contínua luta pela pesquisa científica.

Aos professores, amigos e familiares, pelos afetos e pelas oportunidades de troca.

Dedico ao Mestre e Senhor Jesus Cristo.

APRESENTAÇÃO

O que nos faz preferir determinados conteúdos em detrimento de outros? O que nos mobiliza em relação às nossas opções de entretenimento e informação em relação às mídias com as quais temos contato? E como essa busca se manifesta em relação às mídias que mantemos e aos conteúdos que produzimos? Essas questões e outras relacionadas perseguem o trabalho e a atuação de Cinthya Pires, que me honra em fazer a apresentação desta publicação.

Articulando sua experiência profissional com a trajetória de sua pesquisa relacionada ao cotidiano de comunidades que buscam se apropriar de tecnologias de informação e comunicação em seus territórios, a autora conduz suas reflexões com atenção, compreendendo na mídia e nos conteúdos componentes que conformam interesses e opções que atravessam a vida de cada um de nós.

A atenção se move pelo valor que as pessoas dão aos conteúdos veiculados, produzindo e reproduzindo sentidos, bem como narrativas relacionadas aos diversos setores da vida cotidiana. Optar por determinados conteúdos, veículos e mídias em detrimento de outros implica na caracterização da importância relacionada à reputação, à legitimação, mas principalmente à confiança construída num processo que envolve aspectos socioculturais, políticos e econômicos.

Nessa complexidade entra o desafio dos produtores comunitários na busca por atenção, pois não se trata de uma disputa em igualdade de competição, mas de um processo continuamente deslegitimado pela ausência de políticas, de formação para compreender tais práticas como atuação viável, de desconstrução da qualidade e da potência a despeito da contínua vigília e absorção de talentos brutos das comunidades para serem lapidados na indústria midiática, sem falar na evidente distância demarcada pelos orçamentos mercadológicos e comunitários.

No entanto, essa compreensão não dá conta da totalidade das questões envolvidas, cabendo também investigar possibilidades de encontros e a construção de interações entre produtores e consumidores de conteúdos. Sempre a produção e o engajamento local serão diferenciados e qualificados em relação ao distanciamento estritamente profissional.

A mídia tradicional lida de modo bastante pragmático e envolvente com essa constatação, mediante parcerias estratégicas que oportunizam acesso e são tidas como exitosas pelas comunidades em geral e pessoas diretamente envolvidas nesses processos, envolvendo a contribuição com conteúdos diferenciados, a realização de matérias completas sobre seus cotidianos e mesmo o estágio ou a profissionalização de pessoas que atuam na produção jornalística.

A assimetria retorna então ao debate, mas outro aspecto importante emerge daí, que é a necessidade de compreensão do papel da academia e dos processos de formação nos cursos de Comunicação Social em geral e de Publicidade e Relações Públicas especificamente, já que se trata de envolver a compreensão do mercado do setor de um modo geral, da verba que viabiliza formas distintas de construção, bem como de linguagens, formatos e processos de mobilização e capacitação para a criação e a veiculação de conteúdos atrativos, que se caracterizem por informar sem ser chato e entreter sem ser banal.

E buscar entender quais contribuições e comprometimento na construção de um cenário potencialmente plural, diversificado e equânime torna-se um questionamento que se coloca como necessário nesse diálogo. Cenários complexos demandam pesquisas elaboradas e comprometidas e, mais do que apresentar respostas definitivas, sinalizam a importância de se dedicar ao tema da atenção como significativo para uma melhor compreensão dos embates em torno da comunicação no momento presente.

Nesse contexto e lugar no tempo e no espaço é que se situa essa contribuição da Cinthya Pires Oliveira, cuja leitura oferece pistas para pensar uma comunicação possível e inclusiva.

Adilson Vaz Cabral Filho

Professor Titular no Departamento de Comunicação Social da Universidade Federal Fluminense (UFF) e no Programa de Pós-graduação em Mídia e Cotidiano (PPGMC/UFF).

PREFÁCIO

Democratizar a mídia ainda é um dos maiores desafios do século XXI. É preciso reformular políticas públicas, tornar a apropriação das novas tecnologias pela sociedade uma realidade, ter produtores capacitados e qualificados acessando e controlando os meios de grande circulação, implementar meios locais e comunitários e defender o direito à comunicação, à cultura e à informação (Cabral; Cabral Filho, 2024).

Estudar a mídia brasileira e a importância de sua democratização exige não só conhecimento científico, mas envolvimento ativo para entender suas estratégias e buscar respostas para a falta de regulamentação e de regulação, assim como conquistar a atenção das pessoas, levando em consideração a participação social e a audiência "em processos de iniciativas locais de comunicação na internet", como foi proposto nesse livro.

Nesta obra, o leitor tem o privilégio de entender a importância da democratização da mídia brasileira a partir da análise sobre o mercado da atenção e a arena midiática. A autora, que gentilmente me convidou para ler sua obra e fazer o seu prefácio, traz em pauta o cenário midiático brasileiro, analisando-o a partir do conteúdo, participação e audiência. A questão central da obra é: "como a dinâmica da atenção pode influenciar os processos cotidianos de participação social?".

O conteúdo da obra, escrito por Cinthya, é fascinante, envolvendo o leitor a acompanhar as proposições feitas. Com todo o seu empenho como pesquisadora, jornalista e publicitária, leva o leitor a refletir sobre a atenção como uma etapa das dinâmicas de participação e mobilização social, onde a proposta é entender "como a dinâmica da atenção pode se reproduzir, concretizar e fortalecer no cotidiano local".

A "Economia da Atenção" é trabalhada como um processo que amplia a atuação dos interesses neoliberais na vida das pessoas, modelando o simbólico que, segundo a autora, vai disputar o tempo humano e capturar o comum, em prol de resultados econômicos e políticos.

É interessante ver os dados trabalhados na obra, apontando para o número de desconectados e o dispositivo utilizado pelos que acessam à internet. Como exemplo, no Relatório da International Telecommunication Union de 2021 e nas TICs 2022 e 2023 registram-se que existem três bilhões de pessoas desconectadas no mundo, sendo que, no Brasil, 36 milhões de brasileiros não acessam à internet e a maioria, dos que têm acesso, utiliza o telefone móvel para se conectar.

Acessar ou não a internet é fundamental para entender o estudo feito, pois é possível verificar até que ponto as pessoas são envolvidas pela mídia e pelas novas tecnologias e como isso se traduz no comportamento das pessoas em relação à audiência e à participação.

Esse olhar para o panorama leva à mídia pública, a partir da comunicação popular, comunitária e independente local no Brasil, verificando como conquistar a atenção das pessoas e envolvê-las nos processos de participação. Cinthya Pires Oliveira põe em voga estudos feitos por Martín-Barbero e Miége sobre mediação e de Hjarvard sobre midiatização, além de autores, como os de Economia Política da Comunicação, buscando-se entender, também, a relação com a mudança e a mobilização social.

Assim, a obra vai colocando o leitor diante da história e do desenvolvimento da mídia, mostrando como se dá a disputa por atenção. Além disso, se existe participação das pessoas em prol de conteúdos ligados à mudança social e como se constitui a Economia da Atenção diante dos cenários que vão sendo construídos e atravessados pelo Neoliberalismo.

Há a preocupação de evidenciar a relação da cultura com a comunicação, envolvendo as pessoas em suas dinâmicas de interação com o outro e também com o conteúdo recebido pelos veículos midiáticos. E isso leva às estratégias publicitárias dos grupos de mídia que estão ligadas à venda da atenção, onde o processo se inicia com a conquista das pessoas para se ter audiência e, então, chega-se às vendas de produtos e serviços.

E esse "mercado da atenção" é detalhado na obra, levando em consideração os padrões na imprensa, a relação do mercado publicitário com o jornalismo e o que a autora chama de "reconfiguração das esferas público e privada". Ao mesmo tempo, mostra-se como os meios locais de comunicação pública tentam conquistar a atenção e a participação política das pessoas.

Nesse caminho traçado, a autora nos leva à televisão e "seu uso popular para produção e distribuição de conteúdos", apontando a importância da mídia comunitária para os moradores de cada área geográfica no Brasil, mesmo tendo regulamentação e regulação caóticas. Fato resultante da concentração midiática que temos no país e da falta de cumprimento do capítulo V da Constituição federal de 1988.

Para entender melhor a legislação da mídia brasileira, a autora faz o levantamento, mostrando seu conteúdo e como não vem sendo cumprido, além da defasagem que tem diante da evolução das novas tecnologias. Nesse mapa, relembra do Decreto 5.820/2006 que implanta a TV digital aberta, trazendo no inciso IV do artigo 13 a criação do canal da Cidadania: "para transmissão de programações das comunidades locais, bem como para divulgação de atos, trabalhos, projetos, sessões e eventos dos poderes públicos federal, estadual e municipal". Mesmo sendo regulamentado pelas Portarias 489/2012 e 6.413/2015, poucos têm conhecimento sobre sua existência.

A televisão pública é mostrada como o veículo que pode trazer diversidade, debate, participação, incentivo à cultura e produção de conteúdo pela sociedade em suas comunidades. Logo, em relação ao uso da tecnologia, aponta-se que deve entrar como estratégia complementar da mídia comunitária, visto que "está longe de se consolidar como libertadora e liberadora de esfera pública horizontal e dialógica".

E nesse caminho, coloca-se o eixo nas iniciativas da mídia comunitária, no que tange ao seu conteúdo, em prol da mobilização e envolvimento das pessoas. A autora destaca a TV pública, os canais comunitários e o Canal da Cidadania, visando o estímulo da participação das pessoas nas comunidades, formação de cidadãos e consolidação da democracia.

Mas, como trabalhar com participação e relacioná-la com a audiência? A obra mostra que a atuação da mídia comunitária em relação ao público vai "em prol do coletivo, do fortalecimento de vozes locais, da formação de cidadãos e do incentivo ao pensamento crítico". E nisso relembra que é preciso verificar como dar às pessoas o acesso à tecnologia, capacitação e letramento midiático.

Caminho que nos leva ao que a autora chama de "esfera pública popular dialógica" a partir de "iniciativas comunitárias, populares e independentes". Nesse marco, trabalha-se com a importância da TV Comunitária, suas estratégias, potencialidades, efeitos e a interatividade também com o público na Internet. Parte-se, então, para o campo da "Economia Política da Atenção" que leva em consideração os fluxos atencionais relevantes no cotidiano, além da acessibilidade, interação e contextos.

Assim, observa-se que a mídia comunitária também disputa a atenção na comunidade e que entra na seara das tecnologias digitais. Para a autora, "as formações locais de comunicação e disputas por atenção para problemáticas periféricas comuns" podem "ser o ponto-chave para oposição à lógica hegemônica dominante da plataformização e do colonialismo de dados".

A partir da leitura da obra, podemos nos questionar: Como democratizar a mídia brasileira diante de um cenário de concentração, sem regulação e regulamentação e com uma população consumidora midiática? Para Cinthya, um dos caminhos possíveis está na Comunicação Pública, buscando entender como conquistar a atenção das pessoas e como essa dinâmica "pode impactar na participação dos indivíduos com as causas locais que afetam diretamente suas vidas". Faz-se necessário entender os territórios, o uso das tecnologias, a participação social e o exercício da cidadania.

Eula Dantas Taveira Cabral
Coordenadora do grupo de pesquisa Economia Política da Comunicação e da Cultura na Fundação Casa Rui Barbosa (FCRB) e professora do Programa de Pós Graduação em Memória e Acervos (FCRB).

SUMÁRIO

INTRODUÇÃO 23
FLUXOS DE ATENÇÃO 24
ATENÇÕES QUE DIRIGEM E VOZES QUE ECOAM 26
MERCADO DA ATENÇÃO E ABORDAGEM CRÍTICA: O PERCURSO 28

1
ATENÇÃO MIDIATIZADA: A DISPUTA PELO SANTO GRAAL 31
1.1 ATENÇÃO E DESENVOLVIMENTO DA INDÚSTRIA MIDIÁTICA 35
1.2 ASCENSÃO DA MÍDIA, COMERCIALIZAÇÃO DO SIMBÓLICO
E ESCASSEZ DA ATENÇÃO 37
1.3 SÉCULO XX: ANCORAGEM DO MERCADO ESTENDIDO
DA ATENÇÃO 41
1.4 A INFLUÊNCIA DA MÍDIA NO CONTEXTO SOCIAL DA CAPTURA
DA ATENÇÃO 44

2
MÍDIA TV: RELAÇÕES SOCIAIS NA ARENA DA ATENÇÃO 49
2.1 ECONOMIA POLÍTICA DA COMUNICAÇÃO MASSIVA 51
2.2 REGULAMENTAÇÃO: DESAFIOS E OPORTUNIDADES 59
2.3 TECNOLOGIA: MIOPIA X UTOPIA MIDIÁTICA 64

3
COMUNICAÇÃO PÚBLICA E PRODUÇÃO AUDIOVISUAL
NO LOCAL 75
3.1 CIDADANIA E PARTICIPAÇÃO NO COMUNITÁRIO 76
3.2 O SURGIMENTO DA PRODUÇÃO AUDIOVISUAL LOCAL COM
AS TVS COMUNITÁRIAS 88
3.3. A PROBLEMÁTICA DA AUDIÊNCIA, PRODUÇÃO AUDIOVISUAL
E PARTICIPAÇÃO 91

4
RATINGS E MÍDIA: DADOS QUE TRADUZEM HÁBITOS 95
4.1 ECONOMIA POLÍTICA DA COMUNICAÇÃO E AUDIÊNCIA: CONSUMO ALÉM DOS RATINGS 101
4.2 MERCADORIA AUDIÊNCIA 110
4.3 DEMOCRACIA E AUDIÊNCIA 118

5
MUDANÇAS NAS ESFERAS PÚBLICA E PRIVADA DA ATENÇÃO ... 125
5.1 INTERATIVIDADE E PARTICIPAÇÃO SOCIAL NA ESFERA PÚBLICA 133
5.2 MODULAGEM DA ATENÇÃO PELAS LÓGICAS MERCADOLÓGICAS .. 144
5.3 PARTICIPAÇÃO E INTERESSE EM PROL DE MOVIMENTOS PARA MUDANÇA SOCIAL 150

6
DISPUTAS PELA ATENÇÃO: DO GLOBAL AO LOCAL 159
6.1 DISPUTAS POR ATENÇÃO NO COTIDIANO LOCAL 161
6.2 COMUNICAÇÃO COMUNITÁRIA E ESFERA PÚBLICA OPOSICIONAL 164
6.3 PODER POLÍTICO E ECONÔMICO NA DISPUTA PELA ATENÇÃO NA INTERNET 169
6.4 HEGEMONIA E "SENSO COMUM" POTENCIALIZADO POR TECNOLOGIAS DIGITAIS 174

7
FLUXOS ATENCIONAIS E MUDANÇA SOCIAL 179

REFERÊNCIAS 183

INTRODUÇÃO

Quem nunca praguejou o tempo, que teima em correr mais rápido do que seja possível acompanhar, que atire a primeira pedra! Do outro lado, os mais ambiciosos gritam: "Tempo é dinheiro!" – "Time is money", expressão que, não por acaso, popularizou-se a partir do século XVIII, com a Revolução Industrial. E vendemos nosso tempo em troca do trabalho, da sobrevivência.

No trânsito, os motoristas mais afoitos insistem em demonstrar que seu tempo é mais precioso do que o tempo dos demais, o que justificaria avançar o semáforo, manobras ousadas e o excesso de velocidade.

Mas a verdade pouco dita é que todos os seres humanos têm a probabilidade de desfrutar o mesmo espaço de tempo na Terra. Nessa corrida, os mais abastados são aqueles que mobilizam o tempo de outros em prol de seus interesses, que direcionam a atenção dos demais para benefício próprio.

"Pay attention!", já dizem os norte-americanos. Mais do que prestar atenção, no sentido literal é "pagar atenção".

Pagamos pela nossa atenção todo o tempo, mas prezamos pouco pelo seu real valor.

A corrida diária é para a pergunta que te faço: como você gasta seu tempo? Em outras palavras, o que consome sua atenção ao longo do seu dia? Semana? Mês? Ano?

O Brasil é destaque no consumo de conteúdos pelas redes sociodigitais, pela televisão e pelos serviços de *streaming*. A paixão brasileira por novelas e conteúdos audiovisuais vem de longas datas. E a televisão iniciou sua expansão no país quando o processo de alfabetização ainda era incipiente e restrito, o que explica muito sobre a nossa cultura.

Então não vale burlar a conta, sejamos sinceros com nós mesmos. Certamente, o consumo de conteúdos pelas mídias deve

23

entrar nessa conta – marketeiros, publicitários, jornalistas e mídias que o digam.

A atenção é a moeda da vez, manipulada por forças invisíveis que precisam ser reveladas. Não é para gerar desespero, mas conscientização.

Ao longo do livro, trajetórias alternativas são apresentadas para que o processo de direcionamento de atenção seja efetivamente apropriado por cada um de nós e compreendido como processo de empoderamento, etapa fundamental para participação e mudança social.

FLUXOS DE ATENÇÃO

A história dos meios de comunicação está diretamente relacionada aos processos de direcionamento e captura da atenção humana. Enquanto processo social inerente à dinâmica comunicacional, os fluxos de atenção configuram-se como arena de disputas de poder e de deslocamento de interesses para temáticas pautadas pelo Neoliberalismo. Essas disputas têm se intensificado diante da imponência dos aparatos tecnológicos, sobretudo digitais, que potencializam recursos para mobilizar audiências e participação da sociedade em prol de questões que privilegiam grupos econômicos.

Perante a expansão das teias da globalização sobre as diferentes áreas do cotidiano local, observamos que os fluxos de atenção humana têm sido alvo de disputas discursivas que merecem maior esforço investigativo. Uma vez que pesquisas buscam compreender e explicitar o impacto socioeconômico, cultural e político dos fenômenos de participação social (Carpentier, 2016, 2019; Peruzzo, 2007), da captura do comum (Dardot; Laval, 2017) e da influência da globalização no local (Paiva, 2003), também nos parece urgente perscrutar a dinâmica da atenção humana, sobretudo no cenário de midiatização (Hjarvard, 2015).

Para os limites aqui delineados, este livro tem como temática a influência da captura da atenção a partir das disputas por participação social e audiência em processos de iniciativas locais de comunicação na Internet. O estímulo por este estudo nasceu muito antes deste momento, em que a algoritmização e a plataformização parecem sobrepor-se a todas as áreas da vida, condição que se intensificou principalmente após a pandemia provocada pela disseminação do coronavírus (Covid-19) ao longo dos anos 2020, 2021 e 2022, quando se tornou ainda mais latente a necessidade por conexão como modo de manter contato com outrem, para perpetuar o cotidiano com aqueles mais distantes do convívio diário.

E diante das imagens que nos afetam, dos detalhes e eventos que ocorrem em nosso entorno, Tim Wu expõe que "ao todo, a cada segundo, nossos sentidos transmitem cerca de 11 milhões de bits de informação para nossos cérebros pobres, como se um cabo gigante de fibra óptica estivesse conectado diretamente a eles, disparando informações a todo vapor"[1] (2016, p. 23, tradução minha). Em paralelo, ao considerar dados criados e consumidos, a International Data Corporation (IDC) estima que em 2025, o volume atinja 175 ZB (zettabytes)[2] ou 175.000.000.000.000 gigabytes. Em 2020, esse volume de dados circulante atingiu 59 ZB.

Ainda a respeito do volume de horas dedicadas à mídia, o sociólogo americano Gitlin já denunciara a saturação da mídia em cotidiano e experiências forjados pela indústria de comunicação, enquanto a atenção humana absorvida pode se traduzir em efeitos sobre os comportamentos: "Sem dúvida, as mídias têm seu efeito sobre comportamentos e ideias, não tanto porque cada exposição isolada seja poderosa, mas porque se repetem" (2003, p. 17).

Vale ainda destacar que diante da conectividade exaltada por correntes teóricas, estudos reportam que há cerca de três bilhões de cidadãos desconectados no mundo.[3] Entre as pessoas

---

[1] "All told, every second, our senses transmit an estimated 11 million bits of information to our poor brains, as if a giant fiber-optic cable were plugged directly into them, firing information at full bore". (WU, 2016, p. 23).

[2] Disponível em: https://www.datanami.com/2018/11/27/global-datasphere-to-hit-175-zettabytes-by-2025-idc-says/. Acesso em: 9 maio 2022.

[3] Relatório International Telecommunication Union (ITU), 2021.

que ainda não têm acesso à Internet, 29 milhões são brasileiros, sendo que mais de 99 milhões acessam à Internet apenas por meio de telefone móvel.[4]

Se, por um lado, grande parcela da população mundial de sete bilhões de indivíduos não vivenciam a realidade do espaço digital, por outro, quatro bilhões de conectados, independentemente da intensidade e da qualidade do acesso (lembrando que o acesso apenas por telefone móvel traz potenciais limitações de navegação e compreensão sobre informações mais complexas), contribuem de algum modo para movimentar a Internet, construir relações e experimentar essa tecnicidade, o que torna ainda mais desafiador o cenário midiático até então dominado pelas empresas de radiodifusão.

Diante dos abismos e pontes provocados pela indústria midiática e pelas tecnologias digitais, após dez anos estudando os processos de participação nas mais diversas iniciativas locais de comunicação[5] e quase duas décadas atuando profissionalmente no setor de mídia e pesquisa de audiência, meu olhar persiste em verificar qual a importância da esfera atencional nos processos de audiência e participação, principalmente ao refletir sobre a problemática do envolvimento coletivo para a mudança social no local.

ATENÇÕES QUE DIRIGEM E VOZES QUE ECOAM

Tendo em vista a história da comunicação popular, comunitária e independente local no Brasil, compreendo que seja necessário refletirmos sobre a problemática da disputa pela atenção e de seus impactos nos processos de participação.

Para tal análise, com a chegada do século XXI e, consequentemente, a disseminação do uso de tecnologias digitais, difusão do acesso à Internet, crescimento da mobilidade com o uso dos smartphones e ampliação da convergência, observo que é justamente nesse contexto de disputas entre o local e o global que o

---

[4] TIC Domicílios 2024.
[5] Coletivos de mídia, iniciativas de comunicação comunitária e veículos independentes.

direcionamento de atenção adquire maior relevância. É possível identificar atuação peculiar de um grupo específico de agentes em prol da Comunicação Pública[6] que não estão vinculados aos conglomerados de comunicação nacionais e internacionais: são veículos independentes, coletivos de mídia e iniciativas de comunicação comunitária.

Para grande parte desses agentes de Comunicação Pública, a legitimidade quanto ao lugar de fala ocorre, sobretudo, por meio do direcionamento de atenção para as publicações materializadas a partir de processos socioculturais e midiáticos viabilizados e impulsionados pelas tecnologias digitais.

Assim, diante dos processos de mediação (Martín-Barbero, 1997; Miège, 2018) e midiatização (Hjarvard, 2015), busco aqui lançar luz sobre as disputas que permeiam a arena da atenção enquanto processo social inerente às práticas de participação em processos de comunicação local. Para tal, sigo reflexões com base nos estudos de Economia Política da Comunicação em diálogo com leitura crítica das contribuições advindas dos Estudos Culturais de Mídia e de referenciais de comunicação para Mudança Social (Bringe, 2013; Melkote, 2018).

Se a comunicação precisa ser compreendida enquanto campo estratégico para a transformação social (Bringe, 2013), e a depender das heranças e das perspectivas históricas, sociais, políticas e culturais, são múltiplas as formas das periferias posicionarem-se enquanto ação política nessa conjuntura (Custódio, 2016), técnicas, arranjos e (des)equilíbrios viabilizados pelas plataformas digitais carecem de investigação, principalmente a captura da atenção, a geração de interesse e a mobilização de audiências – fatores que se perpetuam na linha histórica do processo comunicacional e adquirem peculiaridades com a midiatização.

---

[6] Importante destacar que, como recorte didático, aqui considero como agentes de Comunicação Pública aquelas pessoas que agem em prol de iniciativas geridas por, para e pelo povo. Assim, o conceito de Comunicação Pública abordado neste livro engloba iniciativas de comunicação popular, comunitária e independente, desconsiderando veículos sob administração de empresas privadas ou do Estado.

Contudo, embora a suposta celebração em prol da diversidade de vozes possa ser suplantada pela valorização do capital e seus mecanismos de reprodução de poder, há fluxos de comunicação estabelecidos que carecem de maior investigação para proporcionar compreensões e perspectivas diferenciadas.

MERCADO DA ATENÇÃO E ABORDAGEM CRÍTICA: O PERCURSO

Dada a atualidade das redes sociodigitais conectadas pela Internet, para além das abordagens tecnicistas e do alarde da tecnologia como instrumento de captura da atenção humana e direcionamento de interesses, vejo com estranhamento a carência de estudos que discutam de modo aprofundado a temática da influência da "Economia da Atenção"[7] nos processos estruturantes de mobilização social.

Apesar de ser um processo social que atua como pano de fundo nos processos comunicacionais cotidianos, o fenômeno da atenção é tão recorrente quanto obliterado. Ainda observo ausência de textos de ciências da Comunicação e Informação que discutam criticamente e de modo aprofundado essa temática atravessada pelos fluxos cotidianos de comunicação e sua intrínseca relação com a participação social.

De modo geral, no eixo Sul ou Latino-americano, as menções aos aspectos da atenção tendem a se restringir aos mecanismos de vigilância intensificados pela lógica algorítmica, sobretudo a partir do século XXI. No entanto a abordagem proposta neste livro sugere uma investigação sobre questões estruturantes que antes do fator tecnológico e da ascendência do aspecto cognitivo, materializam e

---

[7] A expressão "Economia da Atenção" vem sendo utilizada indiscriminadamente por diferentes correntes teóricas. No entanto, ao ser cunhada justamente no campo da Economia, sua aplicação e abordagem merecem ser revisitadas e compreendidas de modo crítico – como buscaremos expor mais adiante –, a partir dos estudos no campo da Economia Política da Comunicação para a formação da Economia Política da Atenção.

condicionam a dinâmica da atenção humana, de modo a impactar nos processos de participação e mobilização social.

Se, por um lado, o direcionamento da atenção é um hábito humano apreendido pelo capital que visa reconfigurar as atividades cotidianas comuns para seu próprio benefício, por outro os agentes de comunicação pública e comunitária podem se estabelecer como contraponto perante as disputas mercadológicas estabelecidas para a captura da atenção dos indivíduos.

No entanto, além de árdua, visto que poucos veículos locais conseguem se manter em funcionamento de modo contínuo, a inserção desses agentes na dimensão de disputas pela atenção deve ser compreendida de modo dialético, já que o localismo está sujeito às interferências da globalização e dos seus "dispositivos ordenadores da lógica do mercado e do capital, a exemplo dos *mass media*" (Paiva, 2003, p. 30).

Para o discorrer dessa trajetória reflexiva, no capítulo 1 convido o leitor a mergulhar no processo histórico de disputa por atenção a partir do desenvolvimento da mídia, tendo como alvo verificar como essa dinâmica impacta na participação e no envolvimento dos indivíduos com conteúdos voltados para a mudança social no local.

No capítulo 2 falo sobre as questões intrínsecas à mídia TV e o seu uso popular para produção e distribuição de conteúdos. Aqui, legislação e tecnologia podem ser compreendidas como vertentes das disputas de poder que ocorrem prioritariamente por meio de instâncias socioeconômicas, políticas e culturais visando reduzir o potencial da comunicação comunitária, popular e independente.

Já no capítulo 3 busco identificar como as iniciativas de comunicação comunitária, popular e independente podem pautar suas atividades de mobilização da sociedade e envolvimento da comunidade perante os conteúdos produzidos e publicados para circulação.

Na sequência, no capítulo 4, verifico as aproximações e os distanciamentos que o conceito de participação possa apresentar em relação aos índices de audiência, espécie de "mercadoria-índice" utilizada para aferir hábitos de "consumo" dos meios e referência para o câmbio de inserções publicitárias nos meios de comunicação.

No capítulo 5 são apresentadas questões estruturais e conjunturais que permeiam um ideal de configuração da esfera pública popular dialógica e a inserção desse mecanismo como resistência local, mediante iniciativas comunitárias, populares e independentes.

A partir dessas reflexões, no capítulo 6, a proposta é discutir a dinâmica de construção comunitária da atenção dadas as disputas pelo deslocamento da comunidade do território para o espaço, visto que iniciativas de comunicação comunitária vêm utilizando as tecnologias digitais tanto para distribuir suas mensagens (de modo a ampliar o alcance) quanto para manter proximidade com grupos locais.

1

ATENÇÃO MIDIATIZADA: A DISPUTA PELO SANTO GRAAL

> *A democracia, assim, aparece como "subproduto da modernização", pois depende do crescimento econômico e, este, por sua vez, é fruto de uma reforma da sociedade na qual o Estado é concebido "não mais como encarnação plebiscitária e personalista de um pacto social, e sim como uma instância técnica neutra que executa os imperativos do desenvolvimento".*
>
> *(Jesús Martín-Barbero)[8]*

Diante da questão central deste livro – como a dinâmica da atenção pode influenciar os processos cotidianos de participação social? –, inicio esta jornada trazendo ao leitor fatos que demonstram os processos histórico e sociocultural da dinâmica da atenção humana enquanto influência nas experiências de participação, tendo em vista as transformações da indústria midiática.

Neste livro proponho considerar a esfera atencional como fragmento ou etapa de processo social diretamente relacionado às dinâmicas de participação e mobilização social. A despeito da presunção de que a participação faz parte do ciclo de desenvolvimento de processos democráticos e de liberdade de expressão, busco compreender os fluxos de atenção e os modos como a dinâmica da atenção pode reproduzir-se, concretizar-se e fortalecer-se no cotidiano local.

---

[8] MARTÍN-BARBERO, Jesús. **Dos meios às mediações**: comunicação, cultura e hegemonia. Rio de Janeiro: UFRJ, 2003. p. 247.

Proponho, portanto, a compreensão da "Economia da Atenção" como processo que amplifica as margens de atuação dos interesses neoliberalistas nas esferas íntima, privada e pública das pessoas, a partir do uso de estruturas que potencializam a orquestração dos fluxos atencionais – ou seja, na modelagem do simbólico para disputa pelo tempo humano e captura do comum, com intuito de alcançar resultados econômicos e políticos.

A partir da coletividade, mas sem perder de vista a individualidade e o potencial de emancipação, considero essencial compreender as dinâmicas de poder que emolduram as estruturas sustentadoras das operações de direcionamento de atenção, mesmo diante das investidas do capitalismo para cercear os fluxos de reflexão crítica e de direcionamento de interesses das pessoas.

E para ampliar essa compreensão é pertinente considerar que a influência da mídia nas relações sociais foi mitigada ou até mesmo anulada por anos. Conforme Thompson (1998) menciona, os processos midiáticos devem ser compreendidos a partir de sua influência na dinâmica de estruturação social em longo prazo, superando análises superficiais.

Do mesmo modo, ainda que sob algumas limitações de contexto histórico, Habermas (2003) recorre à complexa dinâmica social marcada pelos avanços de arcabouços midiáticos para discorrer sobre a formação e a mobilização da opinião pública, que culminam em movimentos que possibilitam a reconfiguração das esferas pública e privada.

Com esse deslocamento de olhar é possível identificar as teias de conversações e interações sociais constituídas a partir de fatores socioeconômicos, políticos e culturais que, entrelaçados, constituem o cotidiano.

Ao situar uma segunda camada de elementos contextuais, midiáticos e tecnológicos na sociedade, as conversações enquanto interações sociais tendem a gerar uma camada heterogênea de direcionamentos de interesses "intracomunitários" e "extracomunitários".⁹ Essa dinâmica conversacional mediada por tecnologias e meios de comunicação reconfigura processos sociais tradicionalmente cristalizados enquanto constrói superfície de direcionamento de interesses no cotidiano midiatizado.

A partir da releitura dos estudos de Thompson (1998), que enfatiza a relevância da mídia enquanto elemento estruturante das transformações culturais associadas ao surgimento da sociedade moderna, convido você – leitor, espectador e consumidor de conteúdos – para uma jornada instigante e reflexiva sobre a fase preliminar de contato ou interação prévia com produtos culturais – a fase de direcionamento de interesse e atenção. Diante da institucionalização da mídia e de sua respectiva influência no modo de vida, as conversações e a mobilização da opinião pública são também consequência de processo social prévio de direcionamento de interesse e atenção.

Posto isso, diante da importância dos contextos socio-históricos, nas próximas páginas irei expor os principais fatos relativos à história dos meios de comunicação com ênfase no processo social de direcionamento de interesse e captura da atenção.

Entre todas as formas históricas de comunicação e de emissão de mensagens, seja com uso de recursos técnico-midiáticos ou não, há uma questão que se perpetua na dinâmica de emissão e recepção de mensagem, mantendo características comuns que neste livro ressalto como merecedora de investigação: o processo social de direcionamento de atenção pelos receptores, pessoas comuns que se deparam inconscientemente com o avanço da indústria da mídia.

De modo adicional, entendo como pertinente destacar duas questões. Em primeiro lugar: em meados do século XV, o contexto social, histórico e cultural, com o surgimento e a expansão da imprensa demonstra a importância e a potência da mídia que

---

⁹ Termos propostos neste estudo para conceituar os direcionamentos de interesses a partir dos movimentos de redes que se dinamizam *in loco*, ou seja, nas comunidades locais, em relação àqueles que se pulverizam pelas redes sociotécnicas.

vem de longas datas, não somente como estruturante da atenção coletiva e individual, mas também determinante para fomentar a base da "mercantilização das notícias".

Em segundo lugar, ainda que sejam empregados os maiores esforços investigativos, a percepção dos autores (Wu, 2016; Citton, 2017[10]) que discorrem sobre as temáticas da atenção e da mídia provém de análises do Norte Global, as quais têm seu lugar de relevância para encaminhamentos investigativos, mas também insuficiências para enfoques cotidianos locais do Sul Global.

Com essas considerações, pautadas também pelo percurso de Martín-Barbero (1997), que transpõe a perspectiva Norte Global sobre a comunicação para estudar também a relação com os meios, neste capítulo apresento fatos sobre o processo de desenvolvimento da mídia e a constituição da Economia da Atenção para que, na sequência, possamos refletir sobre as especificidades do Brasil e suas múltiplas faces que merecem ser relativizadas.

Ao longo desta obra proponho ao leitor refletir sobre o percurso da atenção enquanto processo social imerso em, proveniente de e diretamente inerente às práticas comunicacionais, que também podem ser moldadas, acionadas e atravessadas pelos fluxos midiáticos no tempo e no espaço, sobretudo com o avanço do Neoliberalismo.

Nesse sentido, a partir da segunda metade do século XIX, quando se lançam as estruturas basilares para a globalização e para o imperialismo econômico, político e cultural, o desenvolvimento dos meios de comunicação e redes de informação passa a (re)configurar os fluxos atencionais de atenção em âmbito tanto individual quanto coletivo.

Essas são as disputas de poder, discursos e estruturas que permeiam o direcionamento de interesses e cuidados para com a sua atenção, leitor, e também com a minha atenção. Por isso, pensar nesse momento preliminar "voluntário" ou "automático"

---

[10] Primeira publicação no idioma francês sob o título Pour une écologie de l'attention (Éditions du Seuil, 2014).

que determina, em diferentes níveis as conversações, os compartilhamentos, os engajamentos e as mobilizações na sociedade, é também pensar na distribuição irregular de poder e de acessos às tecnologias.

E se justamente esses critérios – disputas de poderes político e econômico, disputas discursivas simbólicas, acessos aos recursos tecnológicos e usos de dispositivos – contribuem para a constituição do(s) império(s) midiático(s), é possível discorrer sobre a atenção (e estruturas subjacentes) como um processo social, de modo a avaliar contrapontos e possíveis brechas que possam cooperar com a garantia dos Direitos Humanos à Comunicação e com o avanço de processos comunicacionais que promovam mudança social, inclusive em conformidade com os Objetivos de Desenvolvimento Sustentável (ODS) apresentados na Agenda 2030 da ONU.

Embora não seja uma tarefa facilmente evidente, considerando que "é fácil focalizar o conteúdo simbólico das mensagens da mídia e ignorar a complexa mobilização das condições sociais que subjazem à produção e circulação destas mensagens" (Thompson, 1998, p. 20), gostaria desde já destacar que o reconhecimento da influência da mídia na arena da atenção perpassa pelos fatores estruturantes da Teoria Social da Mídia, evitando excessos ou descuidos na avaliação dos elementos tecnomercadológicos emergentes. Nesse ponto, é crucial reconhecer o papel das mediações (Martín-Barbero, 1997) entremeadas nos processos de formação de sociedades e comunidades, assim como no curso de formação dos mercados de atenção, como veremos adiante.

1.1 ATENÇÃO E DESENVOLVIMENTO DA INDÚSTRIA MIDIÁTICA

Nem sempre a disputa pela atenção esteve diretamente relacionada ao desenvolvimento dos meios de comunicação. Desde o teatro moderno, quando os ingressos eram pagos – primórdios de um mercado promissor já que a atenção era trocada literalmente por moedas – às aquisições de obras de arte para exposição em igrejas ou casas, a "aura" da atenção já estava entrelaçada às interações sociais, disputas de prestígio e conversações sobre temas de interesse.

A elite intelectual e/ou econômica detinha as possibilidades (no sentido de posses) para orquestrar o debate político em torno de assuntos de interesse comum, porém não necessariamente temas comunitários ou locais inerentes a um grupo, que provocassem mudanças sociais efetivas e favoráveis às pessoas desagregadas desses círculos de discussão.

Estudiosos (Citton, 2014; Wu, 2017) consideram que a primeira fase da indústria da atenção foi desenvolvida entre 1890 e 1920, quando a esfera privada praticamente restringia-se ao ambiente familiar ainda resguardado da disputa de atenção por mensagens midiáticas. Apesar disso, faço adendo para ressaltar que a cronologia da atenção remonta à história da civilização e seus principais marcos, indo além da perspectiva europeia de divisão da história geral e da ênfase no desenvolvimento tecnológico.

Porém, em virtude das possibilidades e das restrições necessárias para este livro, será suficiente lembrar brevemente que durante a Idade Antiga e a Alta Idade Média (séculos V-X) predominava o direcionamento de interesse para temas provenientes de comunicações orais, sobretudo com conversações e instituições de assembleias para debates voltados para resolução de questões políticas, sociais e econômicas dos povos locais.

Já no final da segunda fase da Idade Média, a chamada Baixa Idade Média (séculos XI-XV), os processos sociais (re)configuram-se com o marco do surgimento da prensa de Gutemberg, transformando a forma como as mensagens são disseminadas, reproduzidas e recepcionadas. Daí em diante, os textos escritos começam a ganhar destaque nos processos de comunicação e disputas pela atenção.

Por volta do século XI, com a expansão do comércio e o crescimento das cidades, é possível observar a ebulição de conversações e temas concorrentes pela atenção dos indivíduos. Trata-se do período em que comerciantes urbanos, artesão e outros acumulam capital, crescendo, portanto, o uso de moedas e escambo como método para aquisição de produtos. Mas é a partir dos séculos subsequentes que a ascensão da indústria midiática projeta o negócio da atenção a novos patamares.

1.2 ASCENSÃO DA MÍDIA, COMERCIALIZAÇÃO DO SIMBÓLICO E ESCASSEZ DA ATENÇÃO

Como a comunicação de massa está diretamente relacionada ao processo de mercantilização de formas simbólicas (Thompson, 1998, p. 33), a consequente valorização econômica dos produtos comunicacionais depende de processos técnicos e estruturas utilizadas. Por exemplo, no caso dos livros, a rentabilização esteve basicamente centrada no número de cópias vendidas para os leitores. No caso da indústria da mídia, os jornais aplicaram processo de rentabilização de modo conjugado, vendendo tanto cópias para os leitores quanto espaço publicitário para os anunciantes.

Conforme Thompson (1998) relembra, a partir de 1450, Gutemberg já havia aprimorado suas técnicas possibilitando que a prensa começasse a ser comercializada. Em "1480 já havia tipografias instaladas em mais de 100 cidades pela Europa" (Thompson, 1998, p. 55). Com o florescimento do comércio de livros, nasce também um modelo econômico de comercialização do simbólico e, automaticamente, constroem-se as primeiras bases políticas, econômicas e culturais para dissensões em torno da atenção humana.

Diante do número médio de leitores, cópias vendidas e áreas geográficas de distribuição, os anunciantes investem desde os primórdios na mídia jornal com a expectativa de obter atenção das pessoas para os seus produtos, serviços e marcas. Esse modelo foi perpetuado nos meios de comunicação que surgiram na sequência – rádio, cinema, televisão e Internet (este último com especificidades que potencializam a dinâmica do direcionamento de interesse e de troca de mensagens).

Logo, a acirrada competição pela atenção vem de longas datas, já que no "fim do século XV pelo menos 35.000 edições tinham sido produzidas, importando em pelo menos 15 a 20 milhões de cópias em circulação" (Thompson, 1998, p. 56), sendo que "a população das nações onde a impressão se desenvolveu não ultrapassava 100 milhões, e somente uma minoria podia ler". Por consequência, podemos notar que a relação entre produtos simbólicos e a escassez de atenção já prevalecia, demonstrando também a formação de concorrência pelo interesse da sociedade.

De modo concomitante, é também no século XV, por volta de 1450, que ocorre o início da expansão do capitalismo e o fortalecimento da burguesia. Com a decadência do feudalismo e a expansão marítima ocorre o progresso do capitalismo comercial entre os séculos XV e XVIII. Também reconhecido como mercantilismo, nessa forma de capitalismo há esforços para aumento do lucro e sujeição das práticas aos interesses predominantemente comerciais. Também é válido destacarmos que no século XV começam a surgir as primeiras empresas capitalistas.

Ainda assim, a variedade temática das publicações era restrita – 45% de caráter religioso (Thompson, 1998, p. 56). Nesse período, a Igreja Católica começava a buscar o controle das publicações a serem distribuídas. Ainda no campo religioso, Wu (2017) sinaliza que juntamente à popularização da prensa de Gutemberg surge o protestantismo – quando gradualmente a Igreja Católica perde sua primazia,[11] apesar das cruzadas católicas para censurar as publicações em crescimento. Esse processo de censura constitui--se como demonstração dos jogos de poder simbólico atrelado à disputa de atenção no campo religioso, mas também entre outras instituições, como o Estado.

Mas esse é também o período de amplo desenvolvimento das ciências, com expansão do conhecimento e do sistema de

---

[11] Nos anos subsequentes, com a expansão capitalista, podemos observar que a Igreja Católica perde prestígio para o Estado que, por sua vez, perde poder para o mercado.

educação.[12] Com a expansão da prensa entre os séculos XVI e XVII, também pode ser observado o início da Era Industrial. Assim, "o desenvolvimento das primeiras máquinas impressoras foi assim parte e parcela do crescimento da economia capitalista do fim da Idade Média e início da Europa Moderna" (Thompson, 1998, p. 54). Embora o sistema econômico não tenha sido desenvolvido de modo igualitário nas diferentes regiões europeias, predominava a monarquia absolutista como sistema político. Os manuscritos com relatos vindos das colônias europeias além-mar e as decisões da monarquia majoritariamente direcionavam o interesse dos indivíduos.

Diante da irregularidade na distribuição das mensagens, o tempo de recepção era estendido e possibilitava conversações mais duradouras sobre o mesmo tema. Na França, a "imprensa periódica" começa a se formar a partir do século XVII, assim como a estrutura da imprensa inglesa dava seus primeiros passos:

> O início do século XVII foi uma fase em que as publicações inglesas com conteúdo jornalístico apresentavam uma periodicidade irregular e com elevado intervalo de tempo entre cada edição: uma média de uma publicação a cada duas ou três semanas entre as décadas de 1620 a 1640. Nas duas décadas seguintes, a periodicidade semanal tornou-se dominante e a "chave" para que essas publicações pudessem alcançar uma fidelidade do leitor e um sucesso comercial (Franciscato, 2014, p. 111).

A instauração da periodicidade da imprensa pode ser compreendida como consequência da lógica comercial que, ao fidelizar a audiência, não somente possibilita aumento dos lucros como

---

[12] No sistema educacional cabe destacar que o foco estava na técnica e na expansão do conhecimento a partir de padrões estabelecidos pelas escolas, sendo ausente significativos incentivos à emancipação, ao pensamento crítico, à conscientização de maior controle aos processos de direcionamento de interesse, atenção, participação e envolvimento político. Problemática que ainda se perpetua na atualidade.

também amplificação dos fluxos de debate e envolvimento dos leitores com os assuntos publicados (Franciscato, 2014, p. 112).

A circulação de mensagens a partir de arranjos lucrativos que pudessem gerar curiosidade (como o elemento novidade) e fidelidade (periodicidade mensal, semanal ou diária) cooperam com o argumento de que o direcionamento da atenção foi sendo moldado (possivelmente como efeito colateral) com base nos interesses econômicos e políticos de expansão da imprensa, mediante tensões nas relações sociais e culturais.

Assim, após o advento do telégrafo elétrico que intensificou as trocas de mensagens, ocorreu o período de ascensão dos jornais, a chamada "Era de Ouro", entre os anos 1890 e 1920. A partir de então, com a implantação da mídia eletrônica rádio, os jornais começam a perder espaço entre os tópicos de interesse dos indivíduos. Instaura-se uma competição até então não vivenciada pelos chamados "mercadores da atenção" (Wu, 2017).

Em processo de reação à concorrência do rádio e em alinhamento às inovações trazidas com a Revolução Industrial (séculos XVIII e XIX), a indústria jornalística utiliza técnicas e recurso gráficos (cor, diagramação, tipo de papel) nos jornais impressos para atrair a atenção do leitor.

Com o progresso das cruzadas, o desenvolvimento do comércio e a expansão da imprensa, foi também percebida a necessidade de padronização do tempo entre as diversas nações do planeta de modo a colaborar com as redes de comunicação e transporte.

A partir da segunda metade do século XIX,[13] e sob perspectiva europeia, o astrônomo George Biddel propôs a posição do Meridiano de Greenwich (Inglaterra) como grau zero de longitude, estabelecendo os 24 fusos horários, tendo como referência o meridiano principal.

---

[13] Em 1884 foi realizada a Conferência Internacional do Meridiano na cidade de Washington (Estados Unidos), para outorgar a padronização das horas e confirmar a seleção do meridiano de Greenwich como referencial.

Logo, a uniformização das horas proporciona base necessária para uma nova fase de alavancagem do comércio e de transportes de mercadorias em geral, incluindo bens culturais de modo geral, mas, sobretudo, conteúdos jornalísticos! Com os trilhos nos eixos, está tudo preparado para a próxima fase: o papel determinante dos negócios jornalísticos para a mercantilização do simbólico. Como consequência, esse é o marco para a modulação de hábitos e o direcionamento de interesses a partir do mercado estendido da atenção estabelecido pela mídia.

1.3 SÉCULO XX: ANCORAGEM DO MERCADO ESTENDIDO DA ATENÇÃO

O estímulo às discussões públicas sobre a cultura ocorre nas mais diversas circunstâncias sociais. Embora o direcionamento de interesses e atenções para as formas culturais sigam além das produções midiáticas, a mídia gradualmente se fortaleceu enquanto estrutura de comercialização de bens culturais, adquirindo centralidade as conversações em torno dos produtos culturais que se estabelecem com o que denomino como "mercado estendido da atenção".[14]

A partir da observação de Habermas: "Falando simplificadamente: para leitura, teatro, concerto e museu tinha-se de pagar; não, porém, também ainda para conversar sobre o que se leu, ouviu e viu e de que se gostaria de assenhorar plenamente com a conversação" (1997, p. 194), "mercado estendido da atenção" constitui-se nas dinâmicas de conversações e interações sociais decorrentes de produtos culturais fomentados pela indústria midiática.

O sociólogo alemão enfatiza a importância desses ambientes de conversações como parte do processo de articulação e mobilização da opinião pública, porém expõe que, se por um lado a grande imprensa viabiliza acesso a uma suposta esfera pública, por outro se esvazia o próprio caráter político dos debates e participações. Em

---

[14] Conceito aqui proposto a partir dos estudos desenvolvidos por mim ao longo dos anos.

crítica ao mercado de bens culturais, o sociólogo alemão alerta para a perda de influência política da imprensa à medida que investe na expansão e na aplicação de técnicas jornalísticas, a exemplo das práticas da *penny-press*.

> As tomadas de posição da redação cedem espaço às informações das agências noticiosas e às reportagens dos correspondentes; o raciocínio desaparece por trás do véu das decisões tomadas internamente sobre a seleção e a apresentação do material. [...] Por fim, as notícias geralmente assumem formas de disfarce, passam a ser equiparadas a uma narrativa desde o formato até o detalhe estilístico (news stories); a separação rígida entre fact e fiction é abandonada cada vez com maior frequência (Habermas, 2003, p. 201).

A respeito da transição da imprensa de informação para a imprensa de opinião, para além das alterações institucionais, técnicas e processuais, Habermas (2003, p. 214) reproduz citação enfática de Bucher: "Mas, para o editor de jornal, teve o significado de que ele passou de vendedor de novas notícias a comerciante com opinião pública". Até então, grande parte das iniciativas jornalísticas estava mais voltada para a politização do público e ainda eram financiadas isoladamente por homens da elite cultural.

Após essa fase de contestação política em prol da orquestração da esfera pública e da garantia da liberdade de opinião, a imprensa inicia processo de busca pela rentabilização. A partir da década de 30 do século XIX, tanto Inglaterra quanto França e Estados Unidos iniciam a corrida pela imprensa comercial, voltando esforços para gerar lucros como qualquer outra empresa de economia privada. É nesse momento que ocorre ascensão e maior promoção da indústria da atenção, concomitantemente com a indústria cultural tão criticada por teóricos da Escola de Frankfurt.[15]

Se a perspectiva da indústria cultural é latente no discurso de Habermas (2003), o qual denuncia a perda de prestígio político

---

[15] A Escola de Frankfurt iniciou suas atividades em 1923, sendo oficialmente fundada em 1924.

dos jornais *penny press* em prol da rentabilização e da veiculação de "conteúdos palatáveis", Wu (2017) discorre sobre o mercado da atenção constituído com a difusão dos negócios que adotaram o "modelo *penny press*". Argumentos necessários, mas que ainda carecem de indagações em relação às mudanças sociais profundas que alcançaram os indivíduos até então não representados pelos círculos elitizados de debates sobre o futuro político, econômico, social e cultural da sociedade.

Enquanto o jornal desenvolveu duas frentes de rentabilização – a venda da notícia e a venda da atenção dos leitores para os anunciantes –, o rádio desenvolveu modelo de negócios voltado especificamente para a venda da atenção. Esse padrão é seguido tanto pela televisão quanto pelos negócios digitais na Internet (característicos da era da plataformização), sendo que esses últimos têm variantes com crescimento exponencial de possibilidades a serem exploradas.

Diante do desenvolvimento da indústria jornalística por meio da multiplicação de jornais e, na sequência, surgimento do rádio e da TV, pode ser observado que o "distanciamento espacial foi aumentando, enquanto a demora temporal foi sendo virtualmente eliminada" (Thompson, 1998, p. 36). Dessa forma, a cada inovação midiática podem ser observados novos impactos no direcionamento da atenção humana.

Dito de outra forma, enquanto a tecnologia reduz o tempo de espera pelas notícias, também aumenta a concorrência de "entregadores" de mensagens, e além de ampliar a oferta de mensageiros, multiplicam-se as temáticas e as origens das mensagens concorrentes pelo interesse das pessoas.

Vale destacar que nessa fase, o capitalismo financeiro (iniciado a partir do século XX) já lançava suas raízes, enquanto o processo de globalização manteve sua expansão a passos largos e, portanto, os meios eletrônicos reproduzem lógicas econômica e política para suprirem objetivos financeiros e de manutenção do poder, garantindo, assim, os interesses do capital e do Estado.

43

Então, o aprimoramento da prensa, dos negócios jornalísticos e o desenvolvimento dos meios de transporte de informações proporcionam os trilhos para os primeiros passos da mercantilização das formas simbólicas, para a consequente formação do que viria a ser o mercado da atenção. Ainda assim estava por vir uma nova virada na instituição dos mecanismos de captura da atenção. Isso porque, até então, a circulação de folhetins e jornais estava sujeita aos limites razoavelmente definidores das esferas privada e pública.

1.4 A INFLUÊNCIA DA MÍDIA NO CONTEXTO SOCIAL DA CAPTURA DA ATENÇÃO

Como já indicado, a indústria da imprensa não somente fomentou a profissionalização do jornalismo como forjou todo arcabouço midiático da "Economia da Atenção" no século XXI, proporcionando aprendizados e aperfeiçoamentos para a atuação de empresas na Internet.

A partir de estudo sociológico sobre a atenção, o pesquisador norte-americano Wu (2017) faz apanhado sobre a história dos meios de comunicação para expor o mecanismo que sustenta a indústria midiática na Internet: a captura da atenção humana para formar e fidelizar audiências a serem posteriormente comercializadas para os anunciantes de produtos e serviços.

Partindo da referência de Habermas sobre esfera pública, Wu (2017, p. 22) diagnostica o cenário atual como extenuante diante da multiplicação de estímulos e recursos tecnológicos utilizados por atores detentores de poder econômico e político na "luta épica para entrar na nossa mente".

Apesar de Wu indicar que a indústria da atenção existe há um século, tendo surgido no século XIX justamente com a disponibilidade dos primeiros anúncios publicitários nos jornais, considero importante explicitar que mesmo antes do sistema capitalista, mecanismos de disputas e direcionamento de interesse fazem parte do processo histórico-social de relações constituídas pelas pessoas e pelos mais diversos agentes de comunicação.

A respeito do desenvolvimento dos meios, Thompson (1998) destaca que as tecnologias emergentes trouxeram novas formas de interação norteadas pela organização social do simbólico. Ou seja, a tecnologia reorganizou o espaço-tempo uma vez que "o uso dos meios de comunicação transforma a organização espacial e temporal da vida social, criando novas formas de ação e interação, e novas formas de exercer o poder, que não está mais ligado ao compartilhamento local comum" (Thompson, 1998, p. 14).

Evidencio, porém, que os processos de interação com a mídia descritos por Thompson (1998) carecem de transposição para a atualidade dado o avanço das tecnologias digitais que modelam e reificam os fluxos atencionais, que podem transitar em diferentes níveis de atenção.

O direcionamento de atenção vem sofrendo mudanças, inclusive em virtude da aceleração dos fluxos comunicacionais, diante do uso de técnicas e procedimentos adotados sobretudo por atores sociais com proveitos mercadológicos. Ou seja, com uso de mecanismos para obter ganhos políticos e econômicos para potencializar a captura da atenção.

Pelo observado, é possível apreender que a "captura da atenção" concerne ao processo histórico e socialmente construído, que adquire contornos de maior hostilidade na dinâmica de disputas pelo interesse do receptor a partir do século XV, com maior ênfase no século XIX, quando se multiplicam as opções midiáticas.

Assim como o pesquisador norte-americano Thompson, o dinamarquês Stig Hjarvard avalia a influência da mídia no delineamento das sociedades. Embora partindo de caminhos distintos, ambos os autores lançam luz sobre o papel da mídia enquanto agente estruturante e institucionalizado atuante na sociedade que não somente condiciona, como também proporciona, atenção humana reflexiva. Hjarvard (2015) destaca que esse processo de midiatização, ou seja, de atuação transversal da mídia nas mais diversas esferas socioculturais tem se intensificado com o avanço das tecnologias digitais.

Sob perspectiva mais específica a respeito do processo de midiatização, Hjarvard (2015) propõe a compreensão estruturante da mídia ao longo dos anos enquanto importante elemento influenciador das relações socioculturais, sendo a própria institucionalização da mídia parte essencial desse processo.

Esse fenômeno torna-se ainda mais imbricado com as tecnologias digitais. Nesse processo relacional, a lógica da mídia é capaz de "influenciar outras instituições e a cultura e a sociedade em geral, à medida que estas se tornam dependentes dos recursos que ela controla e disponibiliza" (Hjarvard, 2015, p. 36).

Embora, a partir do século XXI, a expressão "captura da atenção" venha sendo amplamente utilizada em artigos e congressos da área de comunicação, sua disseminação é, em sua maioria, proveniente dos estudos relacionados ao "capitalismo de vigilância" (Fuchs, 2011, p. 110-115) e ao fenômeno "plataformização" (Poell *et al.*, 2020, p. 2-10).

No entanto, a problematização do tema deve partir das mediações proporcionadas pelo longo processo histórico e social de desenvolvimento dos meios e, portanto, antecede às tecnologias digitais deste século.

Visto que a "comunicação mediada é sempre um fenômeno social contextual" (Thompson, 1998, p. 1), dadas as circunstâncias mais amplas da vida social, considero importante direcionar esforços para compreensão da complexidade de processos socioculturais de direcionamento e captura da atenção inerente à produção e à circulação das mensagens.

Embora seja necessário também observar as alterações vivenciadas no processo interacional (no âmbito do acesso às tecnologias e dispositivos) das pessoas com os meios e conteúdos disseminados, é essencial visualizar a autonomia interpretativa (Thompson, 1998; Martín-Barbero, 1997) do sujeito receptor de bens e produtos culturais. Logo, o consumo cultural não deve ser considerado como um processo quase automático, pautado na passividade ou na alienação do receptor submisso às ordens sociais vigentes.

Se independentemente das mudanças tecnológicas e da expansão da mídia há a possibilidade de se perpetuarem ao longo dos anos fatores inalienáveis inerentes às mediações entre os fluxos de produção e recepção, há também o potencial de empoderamento das pessoas sobre os respectivos processos de deslocamento de atenção enquanto processo social que, em algum nível, torne-se impermeável às ações externas de disputa de poder.

A partir dessa compreensão, ainda considero pertinente retomar aos escritos de Habermas (2003, p. 207) que discorre sobre a "passagem do público que pensa a cultura para o público que consome a cultura". Isso porque, ao longo do processo de mercantilização da mídia, três fatores marcam a constituição do que referencio neste livro como "mercado da atenção": 1) o desenvolvimento de padrões na imprensa com pré-formatação dos materiais e adoção de modelo de produção de conteúdos agradáveis e facilmente digeríveis (Habermas, 2003, p. 202); 2) o surgimento do mercado publicitário e sua integração com as práticas jornalísticas (Habermas, 2003, p. 201); 3) a reconfiguração das esferas público e privada.

A desmitificação do processo de subordinação da atenção humana não para aqui. Nas próximas páginas o leitor acompanhará a expansão das estruturas e dos agentes sociais que intentam capturar a atenção nas esferas pública e privada, de modo a subjugar as individualidades das pessoas às ordens neoliberais de poder econômico e político inerentes à valorização da globalização em detrimento dos processos comunicacionais no local.

A partir desse enquadramento será possível evidenciar processos de disputas por atenção e por participação política das pessoas por meio de iniciativas locais de Comunicação Pública (principalmente com produções audiovisuais desenvolvidas por veículos de comunicação comunitária, mas também coletivos de mídia independente).

2
MÍDIA TV: RELAÇÕES SOCIAIS NA ARENA DA ATENÇÃO

A televisão tem uma espécie de monopólio de fato sobre a formação das cabeças de uma parcela muito importante da população. Ora, ao insistir nas variedades, preenchendo esse tempo raro com o vazio, com nada ou quase nada, afastam-se as informações pertinentes que deveria possuir o cidadão para exercer seus direitos democráticos.

(Pierre Bourdieu)[16]

São Paulo, 2 de dezembro de 2007. Início da transmissão digital no Brasil. É o marco para a evolução do maior meio de comunicação de massa do país. A TV jamais será a mesma com todas as possibilidades trazidas pela digitalização. O desafio de uso da TV móvel e a convergência com a Internet são apenas duas consequências da revolução iniciada. Muitos outros temas precisam ser analisados e discutidos.

Desde então, são intensificadas as jornadas para aprofundar conhecimentos e otimizar possibilidades tendo em vista o potencial de sólida construção da comunicação comunitária no meio TV. Apesar dos esforços, poucos desdobramentos práticos ocorrem e o setor ainda carece de políticas públicas efetivas. Por isso, uma análise cuidadosa do cenário deve ser realizada com o objetivo de nortear estratégias para ampliar a participação da comunidade tanto nos processos de produção e gestão do canal, como no envolvimento com o conteúdo disseminado.

---

[16] BOURDIEU, Pierre. **Sobre a televisão**. Rio de Janeiro: Jorge Zahar, 1997.

A partir desse horizonte, a produção audiovisual de iniciativas de comunicação popular, comunitária e independente podem contribuir para a revitalização da vida cotidiana ao proporcionar espaço para o debate, o desenvolvimento da cidade, o fortalecimento da justiça social e a construção da cidadania, conforme previsão constitucional para práticas democráticas na comunicação.

Com a propagação desse ideal, à medida que Canais Comunitários[17] passem a ser amplamente sintonizados em TV Aberta Digital (DTV), surgem novas tensões entre TV Comunitária e a indústria da mídia na disputa pela atenção e pelo envolvimento do espectador. Entre tais instituições poderá ocorrer a competição por territórios simbólicos, uma vez que a "administração" dos índices de audiência[18] e o estabelecimento de "conveniências estratégicas" norteiam os discursos hegemônicos (Moraes, 2009).

No entanto essa disputa já ocorre prioritariamente por meio de instâncias sociais, econômicas, políticas e culturais inerentes à cotidianidade, visando deslegitimar movimentos sociais e enfraquecer a comunicação comunitária. Portanto, por intermédio de implicações político-econômicas, regulamentares e tecnológicas na inserção da TV Comunitária no cotidiano da sociedade, persiste um paradoxo na distensão entre a lógica mercantil e a apropriação democrática.

Diante desses aspectos, a proposta deste capítulo é apresentar questões estruturais e conjunturais que permeiam um ideal de configuração da esfera pública dialógica e a inserção desse mecanismo para o fortalecimento da constituição de agenda democrática pautada pela opinião pública.

---

[17] Nesse caso, a regulamentação do Canal da Cidadania e sua devida implantação em todos os municípios do país.

[18] No capítulo 4 serão apresentadas similaridades e divergências em relação ao conceito de audiência e índice de envolvimento.

2.1 ECONOMIA POLÍTICA DA COMUNICAÇÃO MASSIVA

Século XXI, TV nova ou quase. A indústria de comunicação entrou em um túnel sem volta. A digitalização traz consigo cantos e encantos, sendo um dos destaques a possibilidade de implantação de canais comunitários no sistema de TV Aberta Digital. Diante disso, os atores sociais devem estar preparados para enfrentar todos os desafios da sereia que dedilha a harpa recitando vantagens tecnológicas do novo sistema de transmissão com promessas de democratização da mídia, sem expor as consequências advindas do modelo econômico-político brasileiro.

Com o intuito de compreendermos as influências da indústria televisiva nos modos de vida da sociedade, serão avaliados aspectos econômicos e políticos dessas estruturas de poder configuradas no país.

Embora a política tenha sido determinante no desenvolvimento do jornalismo, quando prevaleciam instrumentos de informação classista e dirigida a pequenos grupos, foi com o surgimento da imprensa comercial que novos rumos foram traçados (Schudson, 2010). Um caminho sem volta que proporcionou o fortalecimento da economia, subjugando a política aos seus interesses e, consequentemente, impactando as esferas social e cultural.

Nessa perspectiva, com o fortalecimento da burguesia e o desenvolvimento dos Estados-Nação, amplia-se a circulação e a troca de mercadorias, informações e culturas, contribuindo para a constituição do massivo (Martín-Barbero, 1997) e também para a reconfiguração da esfera pública (Habermas, 2003) a partir de interesses privados.

É justamente a atuação do privado sobrepondo interesses do Estado e da sociedade. Ou seja, manobram o desenvolvimento e a aplicação de regulamentações que possam impactar nos negócios. Visando proteger seus objetivos comerciais, omitem interesses capitalistas ao assumirem atividades de cunho social quando, de fato, obstruem princípios como consciência crítica e formação de cidadãos:

> É então, quando os meios são desviados de sua função política, que o dispositivo econômico se apodera deles – porque os Estados mantêm a retórica do "serviço social" das transmissões, tão retórica quanto a "função social" da propriedade, mas cedem aos interesses privados a tarefa de dirigir a educação e a cultura – e a ideologia se torna agora sim informadora de um discurso de massa, que tem como função fazer os pobres sonharem o mesmo sonho que os ricos (Martín-Barbero, 1987, p. 230).

Foi sob essa realidade que foram publicados instrumentos como a Lei do Cabo (n.º 8.977/1995), que viabilizou a regulação e a exibição de Canais Comunitários em TV a Cabo; o Decreto n.º 5.820/2006, implantando o SBTVD – T (Sistema Brasileiro de TV Digital Terrestre) e prevendo o desenvolvimento do Canal da Cidadania mediante incentivos para o avanço do sistema de TV Digital Aberta (Lei n.º 11.484/2007), além de outras decisões que impactam toda a cadeia de comunicação, tais como a Lei n.º 12.485/2011, que possibilita a entrada de empresas de telecomunicações nesse segmento de mercado, assim como incentiva a circulação de conteúdos audiovisuais brasileiros.

No caso da decisão sobre o sistema de TV Digital Aberta (DTV[19]), por exemplo, o envolvimento pleno da sociedade nas discussões foi incipiente, sem a devida abertura para fóruns e a disseminação de explicações sobre o real impacto na vida da população. Como também é afirmado por Bolaño e Brittos (2007, p. 285), trata-se de "tradição brasileira de não incorporação da sociedade civil na discussão e na gestão das mídias". Apesar dessa prática arbitrária ser recorrente em aplicações de leis que envolvem os mais diversos campos sociais, é justamente pela comunicação que se constroem discursos e realidades. Dessa forma, grupos hegemônicos desenvolvem estratégias para perpetuar o controle sobre os meios massivos e intentam sufocar alternativas comunitárias e coletivos de mídia independente.

---

[19] DTV: abreviatura de *Digital Television* ou Televisão Digital.

Embora os processos de dominação e apropriação dos espaços de radiodifusão sejam mantidos pelas *majors* nos mais diversos territórios neoliberais, é necessário buscar alternativas para que os processos comunicacionais sejam democráticos e inclusivos, possibilitando abertura para experiências que despertem algum sinal de resistência.

Apesar da democracia ser entendida como "subproduto da modernização" (Martín-Barbero, 1987, p. 247), Moraes (2009) cita que o pluralismo é um dos elementos essenciais para democratizar a comunicação. A partir desse raciocínio, ratifica-se a relevância da atuação de iniciativas de comunicação popular, comunitária e independente como oportunidade de proporcionar voz aos cidadãos das comunidades, caracterizando-se como espaço para intervenção local.

Por essa vertente, a possibilidade de implantação de Canais Comunitários (Canal da Cidadania)[20] no espectro de radiodifusão de TV Aberta e o consequente aprimoramento das iniciativas comunitárias (com respectiva atuação complementar por meio de outras plataformas na Internet), podem contribuir para potencializar a participação da comunidade, transformando positivamente sua relação com esses canais à medida que fortaleça seu interesse em apropriar-se da comunicação pública local. Esse objetivo não deve ser omitido e/ou menosprezado, ao contrário, deve ser lembrado como característica primordial a ser perseguida, visto que

> [...] existem casos em que poucas pessoas, que são ou se dizem representantes, conduzem o processo de implantação e gestão de canais comunitários de modo isolado e autoritário, com baixíssima participação das organizações comunitárias locais. Seja por falta de envolvimento e interesse das pessoas ou dessas entidades, por falta de oportunidade de participação ativa ou por discordâncias político--operacionais, o fato é que existem canais comunitários, não muito comunitários, no sentido de

---

[20] Para saber mais: Portaria n.º 489, de 18 de dezembro de 2012, do Governo Federal.

falta de um processo partilhado de ação, embora possam estar agindo em favor da 'comunidade' (Peruzzo, 2004, p. 4).

Como exposto por Peruzzo (2004), há variações na "qualidade da participação" da comunidade, o que envolve diretamente o modo como vem sendo adotadas estratégias de gestão e produção dos conteúdos. Essa discussão perpassa a liberdade e o comprometimento com a produção audiovisual de conteúdos por qualquer cidadão ou organização representante de movimentos sociais. Portanto, essa participação não deve se restringir à pessoa jurídica ou às entidades que contribuem para o financiamento da operação do canal, tal como apontam Peruzzo (2004) e Cabral (2015).

Porém, diante da atual ausência de regulamentação eficaz que proporcione a sustentabilidade dessas iniciativas por meio de incentivos do Governo ou de outras formas de arrecadação, as estratégias desenvolvidas para financiamento das TVs Comunitárias, se não conflitam, podem desvirtuar a essência democrática da proposta pelo espaço de radiodifusão comunitário que envolva os cidadãos.

Enquanto há debate sobre propostas que viabilizem a operação dos canais comunitários, seja por repasses advindos do Estado ou de empresas privadas,[21] seja por projetos de patrocínio cultural, Peruzzo (2004) observa que não há um padrão de ações realizadas para obtenção de recursos financeiros.

Alguns representantes de iniciativas comunitárias de comunicação optam por alugarem seu espaço para entidades disseminarem conteúdos próprios e outros sobrevivem de doações esporádicas advindas de associados. Como resultado, não há isonomia no processo de administração entre os diferentes canais espalhados pelas cidades do país e muitos sobrevivem com a possibilidade de fechar a qualquer momento.

Paralelamente a essa realidade, uma vez que a implantação de Canais Comunitários (Canal da Cidadania) no espectro de radio-

---

[21] Como por meio do imposto Fistel.

difusão de TV Aberta prevê implantação de faixas de programação destinadas a organizações sociais nos munícipios com possibilidade de recepção pelo sinal aberto, será realizada aqui uma breve análise sobre a situação econômica das emissoras de TV Aberta.

O investimento proveniente de venda de "espaço" na grade (dentro da programação ou nos horários comerciais) para diferentes formatos de publicidade, incluindo patrocínios e apoios, representa mais de 90% da fonte de receitas do setor privado.[22] Ou seja, as empresas de *broadcast* têm sua sustentabilidade fundamentada na comercialização de tempo para exibição de marcas, produtos e serviços ao longo da sua grade de programação.

Em virtude desse modelo de negócios, equipes específicas são orientadas a prospectar o mercado anunciante. Assim, para desenvolvimento de suas atividades, profissionais são direcionados ao atendimento de demandas nacionais (veiculação de publicidade em todo o território brasileiro) ou locais, provenientes de diferentes anunciantes dos mais diversos setores.

Isso significa dizer que além de político, também há interesse econômico dos conglomerados de comunicação no espaço local, visando conquistar a diversidade de recursos oriundos das possíveis modalidades de publicidade – questão diretamente relacionada ao esforço de reter bons índices de audiência. Ampliando esse olhar, percebemos que o mercado anunciante, apesar de sua relevância para essa cadeia de valor, não está isolado, antes compõe complexo esquema de saída de despesas e entrada de receitas.

No cenário brasileiro percebe-se concentração de recursos e de aportes financeiros em basicamente sete grupos econômicos[23] de comunicação por radiodifusão em TV Aberta, tornando evidente o desequilíbrio da política pública para com a democracia nos processos de comunicação, também evidenciado pelo descaso com o financiamento e o fomento de canais comunitários. Portanto é

---

[22] Pesquisa sobre televisão no Brasil FGV/ABERT, disponível em Mapeamento TV Aberta (Ancine, 2010).

[23] Globo, SBT, Record, Bandeirantes, RedeTV!, CNT e Gazeta (Bolaño; Brittos, 2005).

essencial a configuração de cenário em que os cidadãos e seu cotidiano sejam representados por meio da prioritária valorização de produções locais, ainda que em detrimento do segmento privado. Nessa instância, urge a necessidade de intervenção governamental para fomentar as ações de comunicação comunitária, reconhecendo-a de fato como prestação de serviço público que deve estar ao dispor de todos os interessados. Ou seja,

> [...] o que se almeja agora, nos raios da influência estatal, é um conjunto de programas e ações que diversifique as fontes de emissão, altere leis e marcos regulatórios, estimule meios alternativos e comunitários, apoie a geração e a divulgação de conteúdos regionais e locais e redirecione fomentos e patrocínios à produção audiovisual independente (Moraes, 2009, p. 20).

Porém, a omissão do Estado muitas vezes configura-se como resposta às táticas de empresas privadas para enfraquecer as ações não hegemônicas, alternativas ou de resistência. Quando ocorrem movimentações para discutir temas que impactam a comunicação, novos direcionamentos são pleiteados para atender a interesses mercadológicos. Foi o que ocorreu, por exemplo, com a definição dos parâmetros para o SBTVD – T (Cruz, 2008; Bolaño; Brittos, 2007).

Portanto, ainda que não ditos, ocorrem acordos velados. São estratégias forjadas para a manutenção das hegemonias política e econômica, pois ainda que de modo granular, movimentos sociais convergentes com as necessidades e os anseios da comunidade podem representar tanto ameaças no microambiente como exemplo para outros grupos que compartilham do ideal democrático nas práticas comunicacionais.

Contudo, esse cenário não se restringe ao Brasil. Segundo Cabral (2015), salvo exceções, a regulação da Comunicação vem seguindo lógicas mercadológicas tanto no território europeu quanto norte-americano, frustrando ou reduzindo o âmbito de atuação de ativistas. E tendo como referência estudos realizados por Chiara

Sáez Baeza em relação à televisão alternativa em países como Espanha, Estados Unidos e Venezuela, conclui que o espaço local emerge como campo de batalha, em que os beneficiados são os conglomerados de comunicação, tendo menor relevância ou nenhuma o atendimento das necessidades da sociedade. Dessa forma,

> [...] essa visão reforça e amplia a compreensão de que a regulamentação vai sendo delineada para o favorecimento do Mercado também no âmbito local, tornando as oportunidades de participação de ativistas da comunicação cada vez mais restritas no espaço radioelétrico e buscando construir uma legitimação junto à população em geral através da mobilização pela responsabilidade social e pelo empreendedorismo local (Cabral, 2015, p. 47).

Nesse aspecto, podemos observar o *lobby*[24] realizado por essas corporações respaldadas pela influência da indústria cultural perante o Estado e a sociedade. De modo geral, não são poucos os exemplos de demonstração de poder do mercado cultural, mas no âmbito internacional é simbólica a proximidade de endereço da Motion Picture Association of America (MPAA) em Washington, Estados Unidos: praticamente ao lado da Casa Branca.

Sobre esse caso, Martel (2012, p. 25) insinua que a distância de menos de 200 metros entre ambas as instituições não é acidental, uma vez que a MPAA representa a esfera de atuação política da indústria hollywoodiana. Portanto, pelos seus representantes, atua diretamente nos bastidores do Congresso para proteger os interesses de expansão da cultura norte-americana. Essa proximidade não parece ter exclusividade no cenário norte-americano, uma vez que no Brasil há significativo vínculo entre a política e o audiovisual.

Dessa maneira, tal como objetos de consumo, a cultura também está sujeita ao mercado e, consequentemente, às diretrizes políticas e econômicas traçadas pelas empresas privadas. No setor

---

[24] Acordos estabelecidos, sob pressão, para garantir a prevalência de privilégios e interesses.

broadcasting não é diferente, visto que, com o desenvolvimento dos mercados e a evolução tecnológica, intensifica-se a corrida pela maximização de resultados com a aplicação de teorias de marketing para construção e/ou proteção de monopólios:

> Nada é mais esclarecedor do verdadeiro impulso civilizatório do capital que a observação de que a tendência irrefreável da concorrência ao monopólio pode ser explorada do âmbito econômico, em que foi precisamente formulada por Marx, para o campo mais amplo da cultura (Bolaño; Brittos, 2007, p. 51).

Seguindo esse entendimento, Bolaño (2000) procura destacar o trabalho intelectual como elemento central da Economia Política da Comunicação. Ele aponta que a indústria cultural, como provedora de capital, não só sujeita o trabalho cultural como expõe suas regras e, nesse sentido, pode ser percebida como função mediadora entre mundo da vida e sistema – composto pelo Estado e pelo capital, elementos expostos nas análises de Habermas.

As atividades que permeiam a concorrência envolvem estratégias internas e objetivos organizacionais, métodos de produção que seguem economia de escala e de escopo, uso de avançadas tecnologias, aquisições e fusões, além de atuação política e econômica para definição estruturante do mercado. Sob a ótica econômico-comercial, barreiras de entradas são estabelecidas a qualquer novo entrante, incluindo opções que envolvam meios comunitários e independentes. Pelo posicionamento sociopolítico e cultural da esfera privada, qualquer nova iniciativa ou veículo de comunicação é sufocada para que não represente eventual indício de ameaça à ordem hegemônica estabelecida.

Na prática, a dinâmica é menos previsível e grupos de resistência formam-se para enfrentar a tendência homogeneizadora da indústria cultural. Essa problemática ocorre nos mais diferentes Estados neoliberais e em distintos níveis, conforme peculiaridades da política, da economia, da cultura, da história e da atuação social.

Uma vez que nesse momento ainda é dificultoso realizar ações em escala nacional ou global, busca-se contrapor as práticas conservadoras dos grandes grupos de mídia por meio de intervenções locais. A intenção é identificar lacunas e promover alternativas diversas às formas dominantes de cultura impostas pela mídia. Trata-se de estratégia de inserção no local diante de cenário que não favorece a democracia. Como as iniciativas ainda são isoladas e encobertas pela cultura de massa, a construção de identidade advém de conhecimentos preconcebidos na sociedade e para ela mesma, assim encrustando esse saber (ou falta de saber) na consciência coletiva por meio de ideologias disseminadas pelas corporações midiáticas.

Contra essa vertente, Moraes (2009, p. 18) defende "experiências que se oponham aos crivos e controles da mídia, introduzindo projetos criativos capazes de descentralizar, progressivamente, os processos comunicacionais e contribuir para o alargamento das margens da diversidade". Sobre esse aspecto, as programações local e pública poderão contribuir para a formação de consciência crítica do cidadão, tornando-o apto a envolver-se e discutir temas (hegemônicos ou não).

2.2 REGULAMENTAÇÃO: DESAFIOS E OPORTUNIDADES

Diante do cenário midiático pautado por acirrada concorrência e profundas mudanças tecnológicas, torna-se ainda mais urgente a inserção governamental para regular e fomentar práticas de comunicação comunitária. Isso porque o histórico do modelo de comunicação brasileiro é marcado pela omissão do Estado em relação à concentração político-econômica dos meios em prol da manutenção da lógica capitalista, em detrimento do avanço de práticas pluralistas que viabilizem espaços de expressão da sociedade.

Como principal representante do massivo, a TV evita temas que evidenciam as "asperezas" do cotidiano e propicia conformidade (Bourdieu, 1997), gerando "desativação de diferenças sociais e, portanto, integração ideológica" (Martín-Barbero, 1997, p. 297). Ou seja, a TV reduz as diferenças sociais enquanto propicia homogeneização ideológica. Para Martín-Barbero, considerar apenas seu potencial integrador e interesses comerciais envolvidos acaba por encobrir a atuação da TV na ressignificação do conceito de cultura. Isso justifica a não inclusão desse meio nas pautas sobre políticas culturais, seja por parte dos governos ou de outros grupos. Também explica as falácias dos processos de regulamentação que, enquanto em construção, garante à sociedade que algo em prol vem sendo realizado, porém sem mudanças profundas na prática.

A regulamentação do modelo de TV brasileira deveria prever métodos de regulação e controle sobre o espectro de radiodifusão, visando garantir a pluralidade no acesso aos meios de produção e a consequente desconcentração do modelo atual. No entanto, o arcabouço legal do Brasil encontra-se defasado e ineficiente, pouco refletindo a realidade midiática diante dos avanços tecnológicos e com reduzidas expectativas de efetivas mudanças que garantam a reconfiguração desse cenário excludente.

Segundo Bolaño e Brittos (2005, p. 871), ainda em 2005, com a implantação da TV Digital e consequente regulamentação, configurou-se momento oportuno para rediscutir a TV brasileira cujo sistema garante "privilégios político-partidários, falta de controle público dos processos de publicização e ausência de um sistema não-comercial paralelo com força junto ao público".

A partir de 2025 (após 20 anos da implantação do sistema), a nova geração da TV Digital (TV 3.0) promete melhorias na qualidade da imagem e som, além da implementação de recursos aprimorados de interatividade ao conectar canais de emissoras disponíveis no sinal aberto com a Internet. Essa mobilização ocorre em momento de profundas transformações no ecossistema midiático brasileiro, com o crescimento em escala de serviços de *streaming* (com respectiva dificuldade de regulação do Vídeo on Demad – VoD e redução acelerada da base de assinantes de TVs por assinatura, gerando, entre outras consequências, a falência de canais pagos brasileiros ou a retirada do país de canais com operação internacional.

Do cenário de 2005 a respeito da regulação e da democratização da mídia, pouca movimentação a respeito ocorreu e/ou vem sendo desenvolvida pelo Estado. Tal posicionamento é historicamente recorrente, impondo dificuldades no processo de democracia quanto à participação popular no estabelecimento de regulações, sendo inexistente ou quase ausente o controle público-social:

> O reconhecimento dos mecanismos de controle público no Sistema de Telecomunicações no Brasil, mapeados nesta pesquisa, ainda não revela a participação popular nesses processos, já que esse público não opina [na] concepção de políticas públicas, tarefa exclusivamente reservada ao Executivo, mas precisamente ao Ministério das Comunicações (Leal apud Bolaño; Brittos, 2007, p. 37).

Assim, como exposto anteriormente e reconhecendo a influência da Indústria Midiática nas práticas políticas visando proteger seus interesses econômicos, compreende-se que o descaso pela elaboração de leis eficazes que regulamentem o espectro hertziano e, consequentemente, o desenvolvimento pleno de comunicação comunitária, pode ter razões mais profundas que vão além da negação de uma cultura televisiva. Ocorre devido à negação do popular e ao consequente receio de promover a multiplicidade de vozes, arcabouço da comunicação democrática. Nesse caso, Moraes (2009, p. 116) aponta como

> [...] essencial a participação do poder público nos sistemas de informação e difusão cultural, através de providências articuladas que resultem na renovação de leis e marcos regulatórios das outorgas de Rádio e TV, na descentralização dos canais de veiculação, no apoio a produções audiovisuais independentes, em maior equanimidade nos acessos ao conhecimento e às tecnologias, na geração e distribuição de conteúdos regionais e locais sem fins comerciais.

Desse modo, um dos principais desafios é justamente identificar oportunidades de intervenções sociais por meio de lacunas nesse sistema imposto cujas raízes histórico-sociais provocam reincidências e retrocessos no percurso de democratização da mídia. É preciso reconhecer iniciativas e elaborar estratégias, assim como "identificar o quanto ainda precisamos avançar para um mundo no qual a informação, a comunicação e a cultura estejam plenamente socializados" (Moraes, 2009, p. 13).

De fato, o modelo de Televisão Digital Brasileiro definido tornou possível disponibilizar o espaço hertziano para a implantação de canais comunitários pelo sistema aberto nas mais diversas cidades brasileiras. Essa circunstância é inusitada e muito significativa para os processos de representação do local ao viabilizar que movimentos sociais e cidadãos não só tenham voz como sejam ouvidos. Ou seja, amplia-se a possibilidade de recepção uma vez que até então as TVs Comunitárias foram legalmente disponibilizadas mediante serviços de TV por Assinatura (Lei n.º 8.977/1995 e da Lei n.º 12485/2011). Porém, entre a letra legislativa e a prática, surgem obstáculos políticos, econômicos e socioculturais.

Antes da Lei do Cabo, durante 15 anos a TV Comunitária atuou de modo itinerante e intermitente em prol de causas sociais, políticas e culturais. Após 1995 e consequente regulamentação em 1996, foram necessários outros 10 anos para instrução de Decreto (n.º 5.820/2006) prevendo a existência do Canal da Cidadania com a criação da TV Digital Aberta.

Como sinalizado por Bolaño e Brittos (2007), ao longo desse período, movimentos de avanços e recuos foram percebidos e em muitos desses momentos com diferentes tipos de intervenção das empresas privadas nas decisões dos governos. Depois de quatro anos, a Portaria n.º 189/2010 foi publicada expondo diretrizes básicas para implantação do Canal da Cidadania, e, desde então, outros instrumentos vêm sendo disseminados para nortear sua atuação.

Como pode ser percebido, o processo é moroso e torna-se ainda mais lento diante da tentativa governamental em harmonizar os interesses envolvidos, sobretudo dos conglomerados de comunicação. Logo, há décadas iniciativas de comunicação comunitária no Brasil vem tentando consolidar-se como alternativa para práticas de comunicação inclusiva e participativa por meio da TV. Vale ressaltar que o Canal da Cidadania e suas faixas a serem utilizadas pelas organizações sociais somente podem ser instaurados a partir da articulação do governo municipal, que deve oficializar junto ao Ministério das Comunicações o interesse de sua implantação local. Isso denota fator que deve ser considerado nas análises sobre o desempenho das iniciativas comunitárias de TV nas diferentes plataformas visando estabelecer ações criativas que apontem opções que não as apresentadas pela mídia hegemônica:

> Se poucos controlam a informação, não é possível a democracia, deve-se garantir o pluralismo informativo e cultural, pois é inadmissível a exclusão de importantes setores do Rádio e da TV, necessitamos de meios públicos fortes, a serviço de todos e não dos governos de turno, o direito de comunicação é um direito humano fundamental (Moraes, 2009, p. 191).

Ressaltamos, ainda, que a política e a regulamentação devem promover outros usos para a mídia, envolvendo

> [...] cultura e educação, para que sejam criados vínculos com referentes nacionais, locais e alternativos, construindo pontes para uma sociedade mais justa e solidária e abrindo a possibilidade de projetos verdadeiros não-hegemônicos, que possam atingir o imaginário dos cidadãos (Bolaño; Brittos, 2007, p. 889).

Nesse aspecto, é preciso percorrer trajetória em que a televisão pública represente a diversidade, promova o debate e a participação, assim como incentive a cultura e a produção de conteúdo pelos cidadãos, inserindo a sociedade num patamar diferenciado ao se relacionar com a mídia sob uma ótica diferenciada. Para tanto, devemos perceber o espectro radioelétrico na era digital como um legado para a sociedade (Cabral, 2015). Com todos os desafios, é possível identificar oportunidades para a gradual construção de iniciativas comunitárias e coletivos independentes, que promovam a garantia dos direitos dos cidadãos de se comunicarem, como previsto em Lei.

Ainda que os interesses dos cidadãos sejam deslocados para abordagens periféricas dentro da lógica político-econômica promovida pelo capitalismo, ainda que os processos de regulamentação sejam morosos, burocráticos e muitas vezes contraditórios, é necessário perseguir o ideal da democratização da comunicação. Seguindo essa visão, isso implica na devida apropriação das tecnologias digitais e no reconhecimento de seus limites, evitando miopias e utopias que se revelam como armadilhas para a plena compreensão desse cenário.

2.3 TECNOLOGIA: MIOPIA X UTOPIA MIDIÁTICA

Foi com a frase "A TV é nossa!" que o professor Luiz Fernando Gomes Soares (*in memoriam*), ex-presidente da Sociedade Brasileira de Computação (SBC), encerrou seu discurso após a assinatura do Decreto n.º 5.820/2006 pelo presidente Luiz Inácio Lula da Silva (Lula), na cerimônia de instituição do Sistema Brasileiro de Televisão Digital Terrestre (SBTVD-T). Foi uma espécie de alusão à frase "O Petróleo é nosso!" (Cruz, 2008).

Essa analogia é possível se considerarmos que a exploração de petróleo requer desenvolvimento tecnológico, além de envolver muitas negociações, interesses e política. Com o advento da TV digital não foi diferente: tecnologia e política são dois alicerces importantes para as questões que permeiam o antes, o durante e o depois da revolução digital.

E apesar do modelo brasileiro de TV digital já estar definido, Bolaño e Brittos (2007) mencionam que ainda é possível pensar em propostas promissoras. Considerando sua alta e fácil penetração nos domicílios urbanos, esse meio digitalizado não somente proporciona novos negócios,

[...] mas também ações de políticas públicas tendentes a atacar os graves problemas sociais do país. Mas, além de obstáculos tecnológicos, variáveis econômicas, regulatórias e organizacionais – como em certos casos, a necessidade de vencer as diferenças culturais presentes em organizações com origens em atividades ou em países diferentes – devem ser superadas para a concretização da convergência, hoje ainda um horizonte distante (Bolaño; Brittos, 2007, p. 38).

Porém, enquanto essa visão pondera a influência de variáveis econômicas, regulatórias e organizacionais sobre a concretização da convergência, Jenkins (2009) exalta-a por romper paradigmas, proporcionando espaço à mídia alternativa e voz aos cidadãos. Apesar de sua contribuição para análise das transformações do comportamento do "consumidor" com o crescente uso de tecnologias de comunicação, o autor desconsidera o processo histórico-social de construção do sujeito e sua relação com o cenário midiático.

Ao desenvolver suas inferências a partir das consequências da convergência, omite justamente as causas que refletem na sua construção. Ainda, exemplifica o impacto das tecnologias digitais na política, na economia, na elaboração de estratégias de marcas e no desenvolvimento de conteúdos, mas ressaltando o lugar da convergência como causa ao invés de consequência:

> Por convergência, refiro-me ao fluxo de conteúdos através de múltiplas plataformas de mídia, à cooperação entre múltiplos mercados midiáticos e ao comportamento migratório dos públicos dos meios de comunicação, que vão a quase qualquer parte em busca das experiências de entretenimento que desejam. Convergência é uma palavra que consegue definir transformações tecnológicas, mercadológicas, culturais e sociais, dependendo de quem está falando e do que imaginam estar falando (Jenkins, 2009, p. 29).

Contudo, Bolaño e Brittos (2007) relatam que as dimensões econômico, político e cultural devem ser consideradas na sustentação do aparato tecnológico e, portanto, não devemos desprezar a potente atuação do capitalismo para regular o digital nos processos concorrenciais. Como alternativa, cabe às iniciativas de comunicação comunitária e coletivos independentes, que se delineiam às margens, impulsionar novas experiências por intermédio do uso crítico das tecnologias digitais. Ainda que não sejam ações emancipadoras, ao menos que promovam ligeiras mudanças na ordem imposta, com mobilizações dos grupos subordinados e/ou dos ativistas interventores.

Desse modo, entendo que ao contrário de qualquer positivismo tecnológico, ainda que embasado nas características de aproximação de grupos e aceleração de diálogos entre eles, os processos de transformação devem ocorrer na essência do sujeito, sob as bases das perspectivas histórica e social para, assim, influenciarem nos usos da tecnologia. Ao considerar a "origem histórica da torrente" midiática, Gitlin (2003) propõe essa digressão:

> Não devemos nos apressar e dizer que a onipresença das mídias é produto da tecnologia que fugiu ao controle, ou da busca de lucros, ou de um impulso para "escapar", ou que a fome de sensações está embutida na natureza humana ou, pelo contrário, é estritamente um produto do "capitalismo tardio". Explicações fáceis nos cegam para a enormidade de fluxos das mídias propriamente ditas (Gitlin, 2003, p. 38).

Percorrendo esse raciocínio, Gitlin procura descontruir o pensamento "mágico" imposto pelo *frenesi* da velocidade e da inovação que caracterizam as últimas décadas a partir de embasamento histórico sobre a atuação do sujeito social: "os prazeres da aquisição na cidade de Delft no século XVII levaram aos prazeres do consumo em Nova York no século XXI" (Gitlin, 2003, p. 40). Quando cita McLuhan em referência à obra *Os meios de comunicação como extensão do homem*, ressalta que "a humanidade veio antes, com suas fomes e competências" (Gitlin, 2003, p. 39), e também menciona a influência econômica na evolução tecnológica, mas para concluir seus raciocínios recorre a exemplos baseados no sensorial e no impacto do consumo midiático. Porém, avançando nas explicações sobre esse complexo cenário, Thompson (1998) evidencia que as especificidades técnicas devem ser consideradas, mas sem

> [...] obscurecer o fato de que o desenvolvimento dos meios de comunicação é, em sentido fundamental, uma reelaboração do caráter simbólico da vida social, uma reorganização dos meios pelos quais a informação e o conteúdo simbólico são produzidos e intercambiados no mundo social e uma reestruturação dos meios pelos quais os indivíduos se relacionam entre si (Thompson, 1998, p. 19).

Portanto Thompson (1998) reconhece na vida social e cotidiana o lugar da apropriação dos recursos tecnológicos, sujeitando-os aos seus usos conforme a construção de conteúdos e mensagens. Reconhece a influência da técnica e da tecnologia, mas não a sobrepõe às demais variáveis para compor discussões sobre o panorama midiático, diferentemente de McLuhan (1974, p. 23, grifo meu), que pauta suas análises pela magnitude tecnológica e sua abrangência:

> A mensagem da luz elétrica é como a mensagem da energia elétrica na indústria: totalmente radical, difusa e descentralizada. Embora desligadas de seus usos, tanto a luz como a energia elétrica eliminam os fatores de tempo e espaço da associação humana como o fazem o rádio, o telégrafo, o telefone e a televisão, **criando participação em profundidade**.

Reconhecendo o lugar da tecnologia no desenvolvimento da indústria cultural, devemos considerar o viver do homem e a interdisciplinaridade de suas realizações na sociedade, recorrendo à dialética para compreensão dos impactos das tecnologias digitais em seu cotidiano e consequente consumo de TV. Assim, "o pensamento crítico e dialético impõe-se como elemento-chave para afugentar o culto celebratório do novo e o alarido por abundância mercadológicas, bem como para qualificar intervenções autenticamente transformadoras da cena pública" (Moraes, 2009, p. 19).

Indo além, é necessário reconhecer a tecnologia como facilitador e relevante instrumento que permite a atuação e a expressão de sujeitos sociais atingirem novos espaços e territórios. No entanto, seu benefício como organizador perceptivo não deve ser confundido ou superestimado. Por isso devemos ser cuidadosos ao analisar estudos baseados no determinismo tecnológico e na relação de causa e efeito no processo de produção e consumo de mídia, desconsiderando a sinergia dos fatos que compõem a realidade. Para estudiosos como Jenkins (2009), Levy (1999) e McLuhan (1974), a tecnicidade proporciona uma visão positiva sobre a exploração midiática e sobre o consumo desenfreado.

Nesse caso, os direcionamentos voltam-se para que a indústria de conteúdo esteja atenta aos comportamentos sociais e seus respectivos movimentos, entre eles, inclusive, a delegação de poder ao público que, com o acesso tecnológico, adquire potencial para interagir e dialogar com empresas e marcas (Jenkins, 2009). Ou seja, sob essa vertente, o homem sujeita-se às revoluções tecnológicas para atuar como protagonista no consumo e engajar-se com os conteúdos.

Como contraponto, deve-se considerar se justamente essa dependência tecnológica impõe ao sujeito o peso de sua atuação coadjuvante enquanto a própria tecnologia destaca-se como mecanismo emancipador. Ora, como projetos do capitalismo, as inovações seriam capazes de por si só romperem com o sistema que as alimenta? E qual seria o real papel do sujeito nesse cenário?

A abordagem sistemática e reducionista de causa e efeito desconsidera a inserção do consumo na rotina social, que tem elementos inter-relacionados, assim como omite outros fatores estruturantes dessa realidade. Martín-Barbero (1987, p. 237) aponta a necessidade de avaliar as implicações das mediações, exemplificando que "o sucesso do radioteatro deve muito menos ao meio rádio do que à mediação ali estabelecida com uma tradição cultural".

Todavia Bolaño (2000) sinaliza que a revolução tecnológica deve ser compreendida como parte do processo de desenvolvimento capitalista. A não percepção ou omissão desse fato dificulta tanto o pleno entendimento sobre as disputas simbólicas quanto a identificação de instituições que visam à apropriação da tecnicidade, negando, portanto, opções de liberdade no contexto cotidiano de consumo dos meios.

Nessa perspectiva, para Kellner (2001), muito além da exaltação tecnológica, é preciso ampliar estudos sobre educação crítica da mídia, possibilitando a disseminação de projetos que proporcionem estrutura de conhecimento e de reflexão sobre o que é produzido e entregue pelos meios de comunicação. Essa visão tem sido pouco observada para regulação de práticas que cultivem a cidadania, promovam a diversidade e estimulem a formação crítica.

A atuação pedagógica é um caminho para a transformação da realidade de indivíduos visando torná-los menos propícios às influências que recebem da mídia hegemônica. Como um processo contínuo, deve ser exercitado tanto no ambiente familiar quanto no escolar ou no profissional. Inseridos na rotina da sociedade, questionamentos e reflexões devem ultrapassar ações pontuais de digressão. Para recuperar o domínio, o indivíduo precisa negar as formas de alienação que lhe são apresentadas e atuar como observador de negociações forjadas pela indústria cultural. O ato de afastar-se e reconhecer-se como parte dessa negociação pode proporcionar o fortalecimento e a transformação de sua atitude inicial perante o catálogo de conteúdos ofertados pela mídia.

Embora a busca por essa constante prática possa ser exaustiva, como no ensino pedagógico, é preciso treino para que a mente filtre e análise suas recepções. Nesse caso, o apoio de iniciativas comunitárias pode ser fundamental tanto pela sua disponibilidade em estar presente no cotidiano dos indivíduos quanto pela possibilidade de fornecer outros caminhos para a interpretação e a análise das informações, bem como opções diferenciadas de conteúdo. A partir desse raciocínio, Bolaño (2000, p. 81) defende a redução de tendências de concentração e propõe a implantação de usos sociais para as tecnologias digitais visando à "melhoria da qualidade de vida e da eficácia dos sistemas de saúde, educação, participação política, etc.". Porém, na sequência, reforça que tais mudanças não dependem exatamente da tecnologia:

> Muitas dessas melhoras prometidas poderiam ter sido postas em prática faz anos [...] com gerações anteriores da tecnologia. Em minha opinião, a tecnologia em si mesma tem pouco a oferecer. [...] As barreiras são econômicas, sociais e políticas e estão profundamente arraigadas. Não se romperão deixando-se o desenvolvimento exclusivamente em mãos do mercado que parcialmente as criou (Garnham *apud* Bolaño; Brittos, 2007, p. 81).

Para Bolaño (2007), o trabalho intelectual é o elemento central da Terceira Revolução Industrial. E justamente devido à sua natureza, torna-se possível a resistência (ainda que parcial) à política mercantil, criando não somente novas estratégias de sobrevivência como possibilitando que a revolução tecnológica seja orientada para mudanças sociais baseadas no acesso democrático à comunicação.

O autor lembra que o Estado representa figura central na política de inclusão digital visando à promoção das tecnologias digitais para "desconcentração, acesso democrático e controle público" (Bolaño; Brittos, 2007, p. 39). Porém, adicionalmente é válido expor que esse raciocínio está dirigido e condicionado para acesso às tecnologias – algo que gradualmente ocorrerá tal como observamos com a Internet e seu rápido crescimento de penetração, sobretudo nas áreas urbanas. Contudo a participação do público continuará sendo filtrada seguindo os interesses da indústria midiática caso não ocorra mudança estrutural no processo comunicacional, a começar pela garantia de espaço à diversidade de vozes.

Trata-se de um caminho a percorrer tal como vem ocorrendo com as mídias sociodigitais, tendo em vista que os avanços alcançados pelas mobilizações sociais em rede (on-line) devem ser reconhecidos e respeitados, embora sejam como fagulhas proporcionadas pela comunicação fragmentada e não linear diante da robustez da comunicação massiva.

Sob essa tendência, a participação e a construção de discursos locais devem ser valorizadas em todas as possibilidades de plataformas de comunicação, embora sua ocorrência esteja atrelada à reconfiguração das leis que norteiam o sistema de comunicação brasileiro. Com relação ao processo de democratização, é preciso menor dependência tecnológica, sendo orientado por profundas transformações sociais, fruto de constantes lutas.

E como aguardar a realidade de política consistente estruturante dos processos de comunicação comunitária pode ser uma utopia, por outro lado é preciso avançar justamente para evitar retrocessos proporcionados pelas políticas de fortalecimento da exclusão, sobretudo considerando que as pressões oriundas da mídia hegemônica tendem a aumentar, pois o cenário privado que a configura está em ebulição diante dos desafios impostos pelo capitalismo concorrencial do século XXI.

Paralelamente, é preciso utilizar as possibilidades existentes de modo inovador e criativo, propiciando que a comunidade faça uso das opções tecnológicas. Para tal, faz-se necessária a disponibilidade de instrumentos técnicos e a capacitação de profissionais visando acompanhar a tendência "multitelas" trazidas pela convergência e mobilidade.

Sobre as Tecnologias Digitais e seus impactos nas identidades culturais, Martín-Barbero (1997) destaca a dicotomia entre discursos que aparecem apartados, ora retrógados (baseados no retorno ao passado), ora evolucionistas (foco na desvalorização do outro/atrasado). Para o autor, esse último pensamento "converte o que resta de identidade nas culturas diversas em mera identidade reflexa – não têm valor senão para valorizar, pelo contraste, a identidade da cultura hegemônica – e negativa: o que nos constitui é o que nos falta, o que nos constitui é a carência" (Martín-Barbero, 1997, p. 254).

Tal como exposto por Kellner (2001), apesar da multiplicidade de dispositivos de recepção e avanços na tecnologia, essa não é condição *sine qua non* para a formação de indivíduos mais críticos e aptos a avaliar os conteúdos que lhe são apresentados. Se não houver um esforço da parte de intelectuais e de ativistas para ir de encontro aos modelos hegemônicos, apresentando outras opções à sociedade, não será a tecnologia que por si só fará.

O volume exponencial de informações provenientes de diferentes plataformas (rádio, TV, Internet etc.) dificulta a ativa atuação dos indivíduos na realização de filtros sobre o que é produzido e entregue. Adicionalmente, a quantificação de possibilidades de acesso aos meios não necessariamente confronta os territórios simbólicos construídos. Ao contrário, são oportunidades de reforço de mensagens conservadoras emitidas por uma minoria – representantes de empresas privadas. Ademais, a oportunidade de acesso e de uso efetivo dos meios como canal dialógico não se estende a todos. Portanto a democracia advinda do paraíso tecnológico ainda representa uma utopia para a maioria das sociedades, mantendo grupos à margem.

Desse modo, a tecnologia e seus recursos devem ser considerados nas estratégias de gestão e produção de conteúdo audiovisual realizadas por iniciativas de comunicação popular, comunitária e independente. Porém a convergência e a mobilidade, assim como o uso das plataformas de redes sociodigitais, devem ser inseridos de modo complementar, tal como vem sendo conduzido pelas emissoras comerciais. Isso ratifica a importância das disputas locais pelo uso democrático dos canais comunitários em DTV, espaço para a representação cotidiana dos cidadãos. Sob essa perspectiva, a tecnologia pode ser um relevante aliado, mas está longe de consolidar-se como libertadora e liberadora de esfera pública horizontal e dialógica.

A partir desse raciocínio, o argumento sedutor da tecnologia continua a encantar estudiosos, profissionais de comunicação e a população em prol da perspectiva de Brecht em relação à "utopia tecnológica de uma sociedade conversacional, dialógica, em que, por meio da radiodifusão, todos poderiam confluir para um consenso, e as massas poderiam exigir diretamente prestações de contas ao Estado" (cf Sodré, 2002, p. 72). No entanto, conforme Gitlin (2003, p. 73) afirma, "a tecnologia veio em socorro do gosto fragmentado. Os conglomerados das mídias produziram múltiplos canais para nichos demográficos distintos", seja pela multiplicação de dispositivos e telas, seja pela ampliação da oferta de conteúdos, sob a miopia da diversidade e da inclusão.

Dessa forma, ainda é preciso evidenciar que o desenvolvimento acelerado da tecnologia envolve questões de marketing não somente de reposição dos aparelhos eletroeletrônicos, estimulando o capital circulante das empresas de bens de consumo, assim como acirrada concorrência entre empresas do setor de tecnologias digitais, ao acompanhar as demandas de uma geração cada vez mais conectada.

Trata-se de uma estratégia, pois se, por um lado a tecnologia é tida como recurso endossador da democracia na comunicação, evidenciando positivismo embasado em argumentos míopes e utópicos, por outra não devemos desconsiderar sua aplicação por meio de mobilizações dos sujeitos sociais, visando ao desenvolvimento de esfera pública habermasiana.

3

COMUNICAÇÃO PÚBLICA E PRODUÇÃO AUDIOVISUAL NO LOCAL

> *[...] a verdadeira utopia nada tem de fantasiosa ou abstrata, nem é simples produto da imaginação fortuita. Ela torna-se viável quando consegue traduzir o explícito desejo dos sujeitos de realizarem reorientações na vida cotidiana e mudanças nas esferas social, política, econômica e cultural.*
>
> *(Dênis Moraes)*[25]

Os conceitos "comunidade" e "comunicação comunitária" serão abordados considerando sua abrangência pautada por um "objetivo comum" (Paiva, 2003), que transcende territórios e permeia a complexidade dos tecidos sociais configurados nos diferentes espaços físicos ou virtuais. Embora a comunicação comunitária possa ser baseada na extensão territorial, conforme área de abrangência dos veículos e atuação local da sociedade, utilizarei como referência o conceito de "comunitário", que amplia os horizontes pautados pelo pertencimento e pelo consenso que se constroem por meio das esferas públicas.

Dessa forma, a origem etimológica da palavra "comunicação" também pode contribuir para esse entendimento. Do Latim *communicatio*, a tradução exata significa "tornar comum", embora tenha sido genericamente reportado como "ato de repartir, dividir, distribuir". O termo deriva de *communis* ou "algo partilhado por vários, público, geral". Esses termos têm proximidade com o conceito de *communication*, que carrega o sentido de "participar

---

[25] MORAES, Dênis. **A batalha da mídia. Governos progressistas e políticas de comunicação na América Latina e outros ensaios.** Rio de Janeiro: Pão e Rosas, 2009, p. 34.

a" (no francês) ou "pôr em comum, partilhar" (no inglês). Jorge Duarte (2009, p. 63) reitera que a informação e o ato de participar são elementos essenciais para os fluxos comunicacionais.

Adicionalmente, também é oportuna a reflexão de Paulo Freire sobre comunicação e suas raízes etimológicas (comum, comunhão, comunidade, *communis*), considerando a perspectiva política imbuída no processo dialógico, já que "a sociedade existe em e por meio da comunicação; e é o quadro de referência comum da sociedade que forma a essência do processo de comunicação" (De Lima, 2001, p. 86 *apud* Duarte, 2009, p. 98).

Pelo exposto, convido o leitor a revisitar o conceito de "cidadania", não somente pela sua intrínseca relação com Comunicação Pública e o cotidiano social, como também em virtude do uso do termo nas referências ao "Canal da Cidadania", a partir da regulação da TV Comunitária em sinal aberto digital.

3.1 CIDADANIA E PARTICIPAÇÃO NO COMUNITÁRIO

De acordo com o *Dicionário Escolar de Língua Portuguesa*, publicado pelo Ministério da Educação e Cultura (1976), "cidadão" significa "habitante da cidade; indivíduo no gozo dos direitos civis e políticos de um Estado" e "cidadania" refere-se à "qualidade ou nacionalidade de cidadão". Historicamente, o conceito de cidadania está relacionado aos direitos humanos, os quais foram alvos dos movimentos democratizantes do século XVIII e representam os ideais de resistência às instituições autoritárias contra as classes dominantes (Poster, 2010, p. 316).

Segundo Poster (2010), o uso do termo "direitos" seria muito vago para os interesses da Revolução Francesa (século XVIII) e a consequente Declaração dos Direitos do Homem e do Cidadão. Por isso foi necessário acrescentar a palavra "humanos" para fortalecimento da luta. No entanto, ainda assim, registra-se que em 1789, o uso de "direitos humanos" não foi suficiente para afastar exclusões de feministas e antirracistas, por exemplo. Então uma nova incursão foi realizada com o acréscimo do termo "cidadão".

A utilização dessa palavra ampliava teoricamente o escopo de atuação do homem, promovendo o respeito aos direitos humanos e a garantia ao exercício da cidadania (Poster, 2010). Porém o conceito trouxe divergências entre os teóricos. Poster (2010) ainda cita que Marx (1967) expôs seu entendimento sobre a divisão entre as palavras homem e cidadão no campo político, uma vez que o primeiro representava o privado, o indivíduo burguês, enquanto o segundo o público, a pessoa envolvida em questões políticas.

Logo, "a Declaração dos Direitos do Homem e do Cidadão anuncia uma antropologia nova e unificada, uma exigência de que o ser humano apareça no palco da política mundial com os direitos do cidadão e ao mesmo tempo" (Poster, 2010, p. 319). De certa forma, seria o potencial do "cidadão" representar a democracia na globalização. E embora esse ideal possa significar muito para os estudos sobre a inserção da TV Comunitária no uso de tecnologias digitais e do sistema de multiprogramação proporcionado pelo Canal da Cidadania, também devemos considerar os efeitos da globalização e da mídia digital perante o "cidadão".

O professor norte-americano avalia que o termo "cidadão" ligado ao "Estado-nação" pode não mais ser adequado diante da amplificação de espaços políticos sobre os quais possa atuar em rede, globalmente e não mais local. Sinaliza a necessidade de "reconfigurar o indivíduo político em relação às condições de globalização" (Poster, 2010, p. 321) considerando as novas características dos meios de comunicação, sobretudo com a disseminação da Internet, que estabelece outras possibilidades de relações políticas.

Essa reflexão condiz com os pensamentos de Lévy (2010), teórico sobre o uso da tecnologia e a formação de comunidades virtuais, que defende a desterritorialização do espaço público e a configuração de uma nova esfera pública pautada pela inclusão, pela transparência e pela universalidade.

Carvalho (2002) também destaca que historicamente o conceito de cidadania desenvolveu-se no processo de constituição do Estado-nação, com a Revolução Francesa de 1789. Nesse período, as disputas pelos direitos ocorreram nos limites geográficos e políticos proporcionados pelo Estado-nação, caracterizando uma luta política nacional por meio da relação dos sujeitos sociais com o Estado e a nação. O autor expõe que dessa época para a atualidade, resta daquela cidadania aspectos de lealdade ao Estado (participação na vida política) e a identificação com a nação, embora nem sempre esses dois fatores apareçam juntos.

No entanto, com a derrocada do conceito de Estados-nação a partir da globalização e dos processos de fortalecimento do sistema capitalista, questiona-se a manutenção de sua identidade diante dos novos arranjos políticos e econômicos, em que o Estado reduz seu poder e, consequentemente, sua atuação em relação às atividades de defesa e garantia dos direitos que compõem a cidadania.

Em seu livro *Cidadania no Brasil*, Carvalho (2002) desenvolve levantamento histórico sobre o processo de construção da democracia no Brasil e as diferentes fases que permearam a construção da cidadania:

> A cidadania, literalmente, caiu na boca do povo. Mais ainda, ela substituiu o próprio povo na retórica política. Não se diz mais 'o povo quer isto ou aquilo', diz-se 'a cidadania quer'. Cidadania virou gente. No auge do entusiasmo cívico, chamamos a Constituição de 1988 de Constituição Cidadã (Carvalho, 2002, p. 7).

Mediante o desconhecimento sobre as diferentes nuances às quais o termo cidadania está sujeita, o autor discute que a conquista de um dos direitos – no caso políticos –, gerou a falsa expectativa de que seria suficiente para consolidação da democracia no Brasil. A evolução da democracia e da cidadania são fenômenos que se entrelaçam e desencadeiam um sistema complexo relacionado às questões econômicas, políticas, sociais e históricas no país. Por isso, é habitual considerar a instituição da cidadania a partir de três eixos – direitos civis, políticos e sociais –, sendo que a aquisição de um deles não possibilita automaticamente a aquisição dos demais:

O exercício de certos direitos, como a liberdade de pensamento e o voto, não gera automaticamente o gozo de outros, como a segurança e o emprego. O exercício do voto não garante a existência de governos atentos aos problemas básicos da população. Dito de outra maneira: liberdade e a participação não levam automaticamente, ou rapidamente, à resolução de problemas sociais. Isto quer dizer que a cidadania inclui várias dimensões e que algumas podem estar presentes sem as outras. Uma cidadania plena, que combine liberdade, participação e igualdade para todos, é um ideal desenvolvido no Ocidente e talvez inatingível. Mas ele tem servido de parâmetro para o julgamento da qualidade da cidadania em cada país e em cada momento histórico. (Carvalho, 2002, p. 8)

Portanto, seguindo as análises de Carvalho, é valido esclarecer essas três dimensões da cidadania, cujo desafio é alcançá-las, proporcionando equilíbrio e exercício pleno dos direitos. Uma utopia ocidental que nos indica parâmetros para reivindicações e mobilizações em prol do bem comum.

No que diz respeito aos direitos civis, encontramos os direitos fundamentais de igualdade, liberdade de opinião e expressão, organização, garantia de ir e vir, manifestação do pensamento e de exercício da lei acessível a todos. Sobre os direitos políticos, vislumbramos a participação no governo, o direito de votar e ser votado, enfim, a atuação política em defender ideologias, organizar partidos, sindicatos e instituições. Com relação aos direitos sociais, temos todas as variáveis relacionadas à vida igualitária em sociedade, incluindo direito à saúde, ao trabalho e à educação, entre outros. Seu exercício advém da atuação do Estado em prol da redução das desigualdades e da garantia de bem-estar para a sociedade.

A abordagem do conceito cidadão relacionado à globalização e à lógica consumista introduzida pelo mercado é uma das críticas de Mattelart (2011), que considera desvirtuar os estudos acadêmicos de seus objetivos. Ao absorvermos a noção de "consumidor-cidadão", recorrentemente atrelada à concepção dos Estados-nação, o teórico enfatiza que as análises estarão eivadas das interferências do projeto global hegemônico. Por meio dessa observação, entende que a referida aproximação trata-se de um "neopopulismo cultural" que busca igualar questões distintas como aquisição de produtos/serviços e liberdade pautada pela cidadania (Mattelart, 2011, p. 164).

O autor ainda denuncia a tentativa de comparar o Estado Democrático de Direito e o exercício da democracia ao *global democratic marketplace* (mercado global democrático), como comumente é referido pelas "elites globalizadas". Tal reflexão é necessária para estarmos atentos às possíveis influências mercadológicas sobre a participação social em prol do bem comum. A partir da complicação do cenário midiático com usos de novas tecnologias e suposta multiplicação de possibilidades de acessos à informação, não devemos confundir esse sistema com apropriação popular de espaços públicos de comunicação, garantias de liberdade e consolidação da democracia.

Feita essa ressalva, embora os recursos advindos com a Internet tenham intensificado o uso e a percepção de que atuamos em espaço distinto, devemos considerar que não somos ou estamos on-line ou off-line, uma vez que somos indivisíveis e únicos, independentemente do sistema pelo qual nos expressamos. Essa interpenetração de espaços não é inédita e já pôde ser constatada como a chegada de outros meios de comunicação e de transporte. O que observamos é a aceleração nos fluxos comunicacionais como elemento facilitador para o estabelecimento de relações sociais e para a exposição de posicionamentos políticos. Portanto o entendimento de espaço público deve estar centrado nas relações sociais dos indivíduos, evitando ênfase na virtualidade das ações proporcionadas pelas tecnologias.

Para Esteves (2004), é inevitável a dispersão física dos públicos e o fortalecimento de vínculos sociais diante das mudanças tecnológicas que alteram os procedimentos comunicacionais na sociedade. Por isso não devemos desconsiderar o papel político do indivíduo e subjugá-lo aos apelos tecnológicos:

> Os públicos, enquanto redes de comunicação, reservam um papel essencial à afirmação das características individuais dos seus membros, são espaços sociais fortemente personalizados que fazem emergir "individualidades", ou seja, dependem de agentes sociais, empenhados em afirmar sua personalidade e subjetividade próprias – o que torna, afinal, cada membro dos públicos um interlocutor, isto é, um sujeito de discurso e um destinatário crítico das opiniões dos outros (Esteves, 2004, p. 130).

Esteves também sinaliza que as tecnologias digitais facilitam o interesse comum, o consenso. Apesar do acesso às tecnologias ainda ser um desafio em áreas mais afastadas das regiões metropolitanas, é inegável que o aumento da penetração desses dispositivos junto à sociedade viabiliza apropriação social e novas configurações de fluxos comunicacionais.

Portanto devem ser considerados o acesso às tecnologias e sua influência nos movimentos sociais locais como contribuição para a construção de atividades coletivas que possibilitam amplificar a participação e o engajamento.

Em contrapartida, também importa considerar a influência da tecnologia no cotidiano das pessoas, de modo a alterar as relações mediadas, intensificar a individualização do hábito de assistir conteúdo audiovisual e reconfigurar o espaço público, gerando ainda maior problemática para atrair a atenção do público e engajar os sujeitos sociais:

> [...] com a segmentação propiciada pela multiplicação de canais viabilizada pelas novas tecnologias de comunicação (NTC), como a que combina satélites com redes de cabos, cresce a individualização do consumo televisivo, reduzindo a possibilidade de

> convivência social. Esse novo modo de ver TV integra o contexto de dissolução do espaço público e de privatização da vida. Sua compreensão deve ser vinculada ao sentimento de insegurança urbana, ao isolamento das modernas soluções de moradia e à reorganização dos espaços e tempos de trabalhar e habitar (Brittos, s.d., on-line).[26]

No entanto, para que o simbolismo do termo represente ações práticas e legitime-se como espaço cívico de apropriação social e envolvimento da sociedade, deve ser promovido o fortalecimento da base sobre a qual as iniciativas comunitárias e os coletivos de mídia independentes constituem-se: a Comunicação Pública. Isso significa não somente garantir a regulamentação do Sistema Público de Comunicação Brasileiro como também intensificar o uso de tecnologias digitais.

Dessa forma, é possível constituir redes de cidadania que garantam mobilizações sociais em prol do bem comum, fortalecendo reciprocamente as esferas públicas no local, regional e nacional, a partir de ações de comunicação partilhadas e potencializadas pelo sentimento de pertença. Logo, o sentido político da cidadania está contido no comunitário (bem comum), independentemente de restrição territorial, de modo a contribuir para o desenvolvimento de atividades coletivas.

Apesar das diversas tentativas de conceituação do termo "cidadania", conforme período histórico e características das sociedades, o seu caráter individual prevalece como principal vertente na sociedade brasileira (Duarte, 2009, p. 111). Desse modo, a "valorização dos cidadãos e da cidadania" deve ser o pressuposto da comunicação pública (Matos, 2004, p. 57), uma vez que "cidadania implica em mobilização, cooperação e formação de vínculos de corresponsabilidade para com os interesses coletivos, e a regra da luta pela inclusão são as expectativas e opiniões conflitantes e não o consenso de vontades" (Matos, 2004, p. 111).

---

[26] Disponível em: http://bocc.ubi.pt/pag/brittos-valerio-tv-cabo-dispersao.html. Acesso em: 24 set. 2023.

Matos (2013) relativiza o interesse público na contemplação da radiodifusão pública de massa, enquanto reforça sua capacidade de diálogo para que a sociedade se expresse com multiplicidade de esferas públicas, caracterizadas pela comunicação global, fragmentada e desterritorializada. Dessa forma, alerta que os públicos competem e negociam, visando à participação e à contribuição das partes em prol de um equilíbrio que contemple as diversas instâncias da "esfera pública pluralista", ao passo que a esfera pública "burguesa" impõe a supremacia de alguns sobre as desigualdades dos demais, a fim de garantir um consenso supostamente legitimado pelo bem comum.

A legitimação do interesse público por meio da constituição de espaços comunicacionais que viabilizem o diálogo com a sociedade deve ser priorizada na Comunicação Pública. Sobre a organização do público, Esteves (2004) relata que a formação da opinião comum entre os públicos nem sempre se consolida através de consenso, mas o sentimento de partilha promove experiência que solidifica o grupo como um agente social coletivo. Assim, muito além da associação física, cooperam fatores como afinidades, filtros e comportamentos para uma espécie de "seleção natural" dos indivíduos que, por si, agrupam-se em públicos – o que o autor denomina como "superioridade como forma de sociabilidade" (Esteves, 2004, p. 129).

Em referência aos estudos de Tarde (1986), Esteves (2004) também expõe que a atuação do público na atualidade ainda é relevante, uma vez que possibilita o desenvolvimento de ações de atores sociais coletivos pautados por ideais e convicções. Por essa análise, cabe refletir o quanto as pessoas podem delinear, construir e agir em prol de uma Comunicação Pública que esteja condizente realmente com os interesses públicos. De fato, a acomodação dos interesses e conflitos faz parte do complexo processo de desenvolvimento de projetos políticos voltados para o consenso.

Considerando que a comunicação é uma ferramenta de mediação que potencializa as ações dos públicos e os reveste de poder de influência (Esteves, 2004), cabe ponderarmos sobre a apropriação de espaços em prol de comunicação comunitária em favor de interesses públicos *stricto sensu*, tendo em vista a garantia da representatividade do coletivo.

Para o autor, o conceito de público pode ser interpretado como uma evolução dos indivíduos. Nesse caso, os públicos ganham coesão e sobrepõem-se às tradicionais divisões ou aos conflitos sociais. Contudo, apesar do ordenamento dessas aglutinações tornarem-se menos caóticas com a comunicação, não devemos desconsiderar a possibilidade de conflitos internos e externos, como ocorre na dinâmica de configuração das redes sociais on-line.

Com essa coesão dos públicos como instrumento para ordenamento, Castells (2013) expõe que os movimentos sociais têm distintas nuances em seu interior. Embora o objetivo comum prioritário seja o eixo principal, é o consenso que garante a união e a coesão do grupo. Portanto, grupos podem se formar para pleitear uma causa que, na verdade, é consequência de interesses distintos, assim como questões paralelas podem gerar novas segmentações.

Fundamentadas no ideal da comunicação pública, as iniciativas de comunicação popular, comunitária e independente devem refletir continuamente: até que ponto a voz do indivíduo é respaldada pelo coletivo? Quais são os anseios, as necessidades e os posicionamentos políticos? Quais direitos defendem? Quais as motivações para eventuais reivindicações? Essas pessoas se agrupam e têm uma bandeira comum? Nesse caso, qual o histórico do movimento social do qual faz parte? Quais são os entendimentos em relação à cidadania, direitos civis, políticos e sociais? Como o projeto de comunicação popular, comunitária e independente se relaciona com essas demandas?

Enfim, são inúmeras questões que transpõem a realidade local sujeita às mais distintas intervenções. Mais do que acomodar os múltiplos interesses, seria possível prezar pelo consenso tendo em vista a fidelidade aos valores e aos princípios que sustentam essas iniciativas? Essa não parece ser uma solução simples, mas apenas um parâmetro a ser perseguido, principalmente no que diz respeito à Comunicação Pública Comunitária. Isso porque as mudanças proporcionadas pela TV digital envolvem os interesses da indústria midiática, Brittos (2011, p. 14):

> Nesse sentido, não se altera um setor tão nevrálgico quanto à mídia (com sérias repercussões econômicas e quanto à cultura e sociabilidade daí conectadas) sem reação. Por atingir os interesses não só dos capitais envolvidos nos negócios midiáticos, mas de praticamente todo o sistema (sejam os agentes interessados na publicidade, sejam aqueles preocupados com o papel ideológico, de sustentação do capitalismo, que a cultura industrial precipuamente exerce), é praticamente inviável proceder a mudanças profundas através do consenso ou não contrariar muitos interesses.

Como relata Esteves (2004), sabemos que o público herda uma complexa relação entre "público" e "privado", apontando sua inseparabilidade, embora esteja imerso na função política que delineia o espaço público. No entanto a supremacia do "privado" em relação ao "público" pode explicar muitos fatores comunicacionais que desencadearam o atual cenário midiático e o consequente desenvolvimento da sociedade que carrega o privado para além do ambiente familiar, influenciando também as atividades econômicas, sociais, políticas e mercadológicas.

Assim, o poder e a gestão do público podem ser materializados por meio de outras formas, inserindo "o discurso e a comunicação com claras funções políticas" (Esteves, 2004, p. 134) na apropriação dos espaços sociais, por meio das mais diversas plataformas (seja radiodifusão ou Internet).

Nesse caso, a indústria midiática inserida no ecossistema industrial capitalista não ficaria distanciada dessa lógica diante da "progressiva universalização do sistema econômico (globalização) que veio e continua a impulsionar uma crescente mundialização das relações políticas" (Esteves, 2004, p. 133). Pela perspectiva em que o espaço público revela-se como uma instituição de controle político, capaz de direcionar decisões por consensos, agendar temas e contribuir para a constituição da opinião pública, devemos provocar contínuas reflexões sobre o uso dos espaços públicos de comunicação.

Sem dúvida, a produção de conteúdo por veículos de comunicação comunitária e mídia independente tem desafios complexificados com a multiplicação de espaços, maior diversidade de veículos, avanços tecnológicos e disputas entre privado e público nas mais distintas instâncias.

Com a mídia de massa e a inserção do capitalismo nos mais diferentes níveis sociais, o desenvolvimento da comunicação popular, comunitária e independente torna-se um ideal voltado para a constituição de debates públicos, inclusão e participação social por meio de análise crítica da audiência. No entanto agentes devem ser cautelosos em relação ao utilitarismo no emprego desses espaços visto que:

> Espaço público e opinião pública tornam-se essencialmente meios: dispositivos sociais destinados a uma utilização de tipo instrumental, com os quais os interessados particulares organizados (direta ou indiretamente) criam uma ilusão de vontade coletiva (pseudolegitimação), com o único fim de reforçar as suas próprias posições (Esteves, 2004, p. 142).

Em relação à apropriação de espaços públicos e à disputa de interesses, não há um único caminho ou fórmula para a implementação da cidadania, e conforme os percursos desenvolvidos, observamos reflexos na rotina das sociedades e no modo como os direitos políticos, sociais e civis são compreendidos e exercidos. De acordo com os cenários histórico, político e econômico, são identificadas consequências em relação ao fortalecimento da desigualdade e esvanecimento das garantias de todos, prevalecendo visão corporativista de interesses privados sobre os interesses coletivos.

Ao longo de seu levantamento histórico, Carvalho (2002) conclui que de acordo com os diferentes períodos de governo, houve predominância de políticas públicas em prol de um ou dois dos direitos que compõem a cidadania. Logo, se durante os governos militares ocorreu restrição nos direitos políticos e civis, foram identificados pelo autor avanços nos direitos sociais. Em contrapartida, durante o período democrático (entre 1945 e 1964) puderam ser observadas práticas sociais para garantia dos direitos políticos em detrimento dos direitos sociais.

A partir da Constituição de 1988, os direitos políticos foram resguardados, mas a desigualdade ainda prevaleceu nos direitos sociais (educação, saneamento, saúde etc.), mesmo quando iniciativas ampliaram seu escopo – teto para salário mínimo, pensões para deficientes físicos e licença-paternidade são alguns exemplos. No caso dos direitos civis, houve retomada da liberdade de expressão, de imprensa e de organização, embora prevaleçam dificuldades relacionadas a diversos outros campos, com ênfase na segurança individual (Carvalho, 2002, p. 199).

Outro fator apontado por Carvalho (2002, p. 228) a partir do fortalecimento do liberalismo é o estímulo à cultura do consumo, evidenciando as desigualdades sociais enquanto marginaliza as pessoas excluídas do ciclo de comercialização de produtos, bens e serviços. A população almeja ser reconhecida como consumidora mais do que cidadã, dessa forma,

> [...] a cultura do consumo dificulta o desatamento do nó que torna tão lenta a marcha da cidadania entre nós, qual seja, a incapacidade do sistema representativo de produzir resultados que impliquem a redução da desigualdade e o fim da divisão dos brasileiros em castas separadas pela educação, pela renda, pela cor (Carvalho, 2002, p. 228).

Logo, a complexa e dificultosa jornada para exercício da cidadania impacta nos processos efetivos de eliminação ou redução das desigualdades e, consequentemente, na configuração de espaço público democrático com predomínio da participação social a partir de uma agenda pública de interesses coletivos.

E nesse contexto, os meios de comunicação podem apresentar relevante papel no cenário social ao apresentar temas e programas que não somente discutem sobre a cidadania, como também proporcionem a inclusão, a diversidade e a participação social. Conforme exposto por Bolaño (2000, p. 124), a TV reproduz lógicas econômica e política para suprir suas necessidades, assim como os interesses do Capital e do Estado. Isso evidencia que a história da TV é diferente da história social, "supõe-se um desperdício decisivo do ponto de vista das necessidades sociais – das potencialidades que a TV poderia mostrar ao reforçar os processos de comunicação para a transformação social, em benefício das classes dominadas" (Bolaño, 2000, p. 124).

3.2 O SURGIMENTO DA PRODUÇÃO AUDIOVISUAL LOCAL COM AS TVS COMUNITÁRIAS

Segundo Peruzzo (2007), os projetos denominados TV de Rua ou TV Livre caracterizam-se pelo desenvolvimento de vídeos com a participação da população, sendo exibidos tanto em espaços abertos e de modo itinerante como em ambientes fechados para acesso coletivo. "São experiências de comunicação oriundas dos movimentos populares e tem por finalidade a mobilização social em torno das lutas por melhor qualidade de vida" (Peruzzo, 2007, p. 20).

Apesar da proliferação de mecanismos de expressão popular tanto de conteúdos fonográficos e audiovisuais, seguidos de esforços por seu reconhecimento legal, somente em 1995 foi publicada a Lei do Cabo.[27] No entanto a regulamentação da lei somente ocorreu em 1997, reportando as diretrizes para que as operadoras (de TV a Cabo) disponibilizassem obrigatoriamente, em seu pacote de serviços, a transmissão gratuita de canais voltados para assuntos dos órgãos Legislativo, Judiciário e Executivo, e de cunho educativo, sob supervisão de instituições governamentais voltadas para a

---

[27] Lei n.º 8.977/1995, regulamentada pelo Decreto-Lei n.º 2.206/1997.

educação e cultura. Atualmente, a Lei n.º 12.485/2011 incorporou a Lei do Cabo, expandindo canais de utilização gratuita para todos os modelos de TV por assinatura, mas sob viabilidade técnica das operadoras, incluindo os canais universitários e comunitários.

Desde então, apesar de possível avanço para a representação comunitária, o acesso e a participação da população local ainda se configuram de modo restrito, uma vez que, de modo geral, a gestão e a organização desses canais comunitários estão condicionadas à representação de associações e organizações sem fins lucrativos que, de certo modo, acabam por concentrar as decisões referentes à programação. Assim, as pessoas em geral permanecem distantes das principais decisões.

Antes de seguir, gostaria de sinalizar que para a discussão proposta, tomo a liberdade de considerar indiscriminadamente o conceito de comunicação popular ou comunitária para explorar as iniciativas comunitárias como "canal de expressão do povo, que respeite a diversidade e esteja a serviço de interesse público" (Peruzzo, 2007, p. 52), ou seja, que se oriente por um objetivo comum. Portanto, embora em alguns momentos seja necessária a demarcação geográfica, devido à área de cobertura do sinal de transmissão dos canais comunitários e por questões metodológicas, entendemos que o seu propósito e a sua missão vão além do localismo.

Para o fortalecimento desses projetos, acreditamos na necessidade de constantes discussões nas esferas municipais, estaduais, regionais e nacional, sobre o que está sendo feito para que as iniciativas comunitárias brasileiras alcancem seus objetivos de representação popular e quais são as perspectivas de efetiva participação social nas diferentes frentes de construção desse meio de comunicação.

Muitas são as questões que permeiam a comunicação comunitária, e aqui proponho ao leitor a identificação dos fatores que impactam na interação da sociedade com as iniciativas comunitárias, também considerando a sua atuação complementar nas redes sociodigitais como oportunidade de viabilizar ações deliberativas que promovam envolvimento e participação social. Tal abordagem permeia questões econômicas, políticas, tecnológicas e culturais influenciadas pelo uso das tecnologias digitais. Ou seja, variáveis macro que impactam nas práticas locais do projeto.

Mesmo após décadas da publicação da Lei do Cabo, esse tema mostra-se complexo e atual, uma vez que ainda são tímidos os procedimentos que conclamam e incentivam a sólida participação da sociedade, estabelecendo vínculo e engajamento com a comunicação comunitária, um bem público que deve ser orientado e gerido conforme as necessidades de desenvolvimento de cada comunidade. Em referência à observação de Peruzzo (2007, p. 153), quando afirma que "processos de comunicação comunitária são dinâmicos e às vezes retrocedem na participação popular e consequentemente democratização", é possível observar que envolve processo cíclico em virtude de questões políticas, econômicas, sociais e históricas.

O resgate desse debate é oportuno e deve ser intensificado, visto que os procedimentos para que as TVs Comunitárias (faixas destinadas a organizações sociais) sejam disponibilizadas em DTV (Digital TV ou Sinal Aberto Digital) foram regulamentados, embora com reduzidos resultados práticos no que diz respeito à liberação das outorgas.

A partir do Decreto n.º 5.820/2006 foi criada a TV Digital e provisionado o projeto denominado Canal da Cidadania, que teve sua norma regulamentar publicada após seis anos por meio da Portaria n.º 489/2012 e, mais tarde, pela Portaria n.º 6.413/2015. De acordo com esses instrumentos legais, é possível utilizar o Canal da Cidadania para preenchimento de faixa de programação voltada para programas desenvolvidos pela comunidade de cada município, além de outras faixas a serem utilizadas pelos órgãos municipais e estaduais.

Assim, conforme viabilidade técnica obtida pela decisão do padrão digital – tópico que ocasionou muitas divergências, observa-

-se a instauração de cenário peculiar para a história das iniciativas comunitárias diante da possibilidade de ampliar sua abrangência e seu acesso para o sinal aberto. Lembrando que, paradoxalmente, até então a possibilidade de sintonia dos Canais Comunitários estava restrita aos domicílios assinantes do serviço de TV a Cabo (Lei do Cabo – n.º 8.977/1995) ou, mais recentemente, de TV por Assinatura (Lei TV Paga – n.º 12.485/2011), conforme atualização do lastro legal para que esses canais fossem obrigatoriamente (*must carry*) carregados por todos os sistemas de TV por assinatura disponíveis, conforme viabilidade técnica – outra problemática.

As constantes pressões sociais e as mudanças na legislação fornecem insumos para promovermos reflexões sobre o espaço e o papel de iniciativas comunitárias e independentes na sociedade, como oportunidade não somente de participação social, mas também de disputas na arena da atenção para as produções de conteúdos com temáticas comunitárias e periféricas. Nesse caso, o momento é propício para resgatarmos discussões e avaliarmos possibilidades para o fortalecimento da comunicação comunitária sobre a base fundamental da participação social, para além de instrumentos técnicos e plataformas de comunicação.

3.3 A PROBLEMÁTICA DA AUDIÊNCIA, PRODUÇÃO AUDIOVISUAL E PARTICIPAÇÃO

Paralelamente ao cenário brasileiro de desenvolvimento da Comunicação Pública e Comunitária, busco compreender outros fatores que permeiam a estrutura mercadológica dos meios de comunicação, inclusive comerciais, também impactando no comportamento de uso/consumo dos veículos de informação e no direcionamento de interesses em arenas constituídas para disputar pelo Santo Graal – ou seja, a atenção das pessoas.

Assim, diante da evolução tecnológica e de novas mídias, é possível constatar sentimento de aceleração e imediatismo enquanto a comunicação em rede é exaltada pela magnitude da globalização. Dessa forma, esperanças são direcionadas aos conceitos de "aldeia global" (Mcluhan, 1972) e "inteligência coletiva" (Levy, 1999) aplicados na construção de modelos alternativos de comunicação que alcancem a participação da comunidade e proporcionem resultados privilegiados para a sociedade, visando ao desenvolvimento local, à cidadania, à educação e à construção de pensamento crítico.

Em concordância, os avanços na indústria de mídia são exaltados por meio do culto à convergência. Supostos benefícios à democracia, inclusão social e construção da cidadania são argumentos utilizados para proclamar as "boas novas" enquanto estudos evidenciam o *empowerment* como uma nova realidade no comportamento do "consumidor" (Jenkins, 2009). Como consequência, hábitos do cliente, consumidor ou usuário são pesquisados e monitorados, com intuito de interpretar e até mesmo antecipar seus anseios em prol da lucratividade e da competitividade voraz do mercado anunciante.

Tais abordagens situam comportamento e/ou tecnologia como eixo principal do estudo dos meios. Esses elementos são muitas vezes citados como protagonistas propulsores da indústria midiática, mas não devem receber a centralidade nas análises. A dialética entre desenvolvimento tecnológico e alterações nos hábitos dos indivíduos (Jenkins, 2009; Toffler, 1972) permite mapear vagamente o contexto, embora sua contribuição seja indiscutível para avaliar as novas proporções da disjunção entre espaço e tempo, conforme relato de Thompson (1998, p. 29):

> O uso dos meios técnicos dá aos indivíduos novas maneiras de organizar e controlar o espaço e o tempo, e novas maneiras de usar o tempo e o espaço para os próprios fins. O desenvolvimento de novos meios técnicos pode também aprofundar o impacto com que os indivíduos experimentam as dimensões de espaço e de tempo da vida social.

Assim, o fenômeno da saturação produz impactos nos níveis de envolvimento dos espectadores com os conteúdos a partir do seu consumo e dedicação de tempo, sendo legítima a importância da tecnologia no cotidiano por meio dos meios de comunicação:

> Críticos e comentaristas procuram o contrabando, mas não veem o caminhão – a imensidade da experiência das mídias, a quantidade absurda de atenção dispensada, as devoções e rituais que absorvem nosso tempo e nossos recursos. A verdade óbvia, mas difícil de perceber é que, hoje, conviver com as mídias é uma das principais coisas que americanos e tantos outros seres humanos fazem (Gitlin, 2003, p. 13).

Paralelamente a esse cenário, busca-se gradual desenvolvimento da TV Pública Brasileira e fortalecimento da TV Comunitária com o intuito de estimular a participação de comunidades, formar cidadãos e consolidar a democracia. Com base no cenário histórico apresentado, tendo como pressupostos a evolução das tecnologias digitais e a disputa pelo envolvimento dos espectadores entre as empresas de comunicação, parece considerável pensar quais estratégias de interação atualmente são desenvolvidas e como ocorrem em relação à sociedade.

Ainda é necessário expor que a mediação regional de iniciativas comunitárias e independentes ocorre de modo diverso entre as diferentes iniciativas espalhadas pelo país, automaticamente impactando no tempo dispendido e nos modos de interação no cotidiano, gerando diferentes níveis de envolvimento.

Assim, o leitor poderá compreender a diversidade e a amplitude de fatores que impactam na avaliação do cenário de produção audiovisual e participação da comunidade na construção de discursos disseminados pelas iniciativas comunitárias, identificando implicações na relação do espectador com o canal.

Diante de oportunidade para a Comunicação Pública Comunitária, no que diz respeito ao potencial desenvolvimento de comunicação regional que contribua para a pluralidade de vozes espalhadas pelas comunidades, aqui proponho olhar diferenciado para o momento de reflexões sobre a política de comunicação pública do país e o paradoxo do uso das tecnologias digitais, que reorganiza as relações sociais.

Entendo que é preciso ir além das discussões até então desenvolvidas, pois um novo cenário configura-se e a atuação legítima, como emissora pública ou não, dependerá não somente de fatores sociais, políticos e econômicos, mas também do envolvimento da comunidade com os conteúdos regionais das iniciativas comunitárias.

E, ainda, diante do avanço das tecnologias digitais e do processo de plataformização, trata-se de oportunidade para ampliar as discussões sobre audiência e produção de conteúdo, visto que há muito para se realizar com foco em "ter como meta construir outra hegemonia, fundada na justiça social, nos direitos da cidadania, na diversidade informativa e no pluralismo" (Moraes, 2009, p. 53). Isso porque também considero como válida a compreensão de que "a TV Pública pode experimentar e reunir vários Brasis dentro dela. E fazer o que se faz no mundo todo: uma TV que tenha cultura, jornalismo isento, debates aprofundados de vários assuntos, aberta à produção independente e regional" (Moraes, 2009, p. 194).

4
RATINGS E MÍDIA: DADOS QUE TRADUZEM HÁBITOS

> *O consumo não é apenas reprodução de forças, mas também produção de sentidos: lugar de uma luta que não se restringe à posse dos objetos, pois passa ainda mais decisivamente pelos usos que lhes dão forma social e nos quais de inscrevem demandas e dispositivos de ação provenientes de diversas competências culturais.*
>
> (Jesús Martín-Barbero)[28]

A audiência começou a ser mensurada no Brasil em 1942, com base nas técnicas utilizadas nos Estados Unidos pelo Instituto Gallup.[29] Na época, as informações coletadas eram apenas sobre os hábitos de consumo do meio rádio com a metodologia flagrante. Ou seja, o entrevistador abordava o domicílio para saber qual emissora de rádio estava sendo escutada naquele exato momento, se o dispositivo estivesse ligado.

Posteriormente passou a ser aplicada a metodologia *recall*, quando os indivíduos são questionados sobre o consumo de rádio nos últimos dias – e não mais sobre a recepção de conteúdo no exato momento da entrevista. Apesar das pesquisas sobre audiência no

---

[28] MARTÍN-BARBERO, Jesús. **Dos meios às mediações**: comunicação, cultura e hegemonia. Rio de Janeiro: UFRJ, 2003, p. 247.

[29] A metodologia foi trazida para o Brasil por Auricélio Penteado, proprietário da Rádio Kosmos, que resolveu saber como estavam os índices de audiência da sua emissora. Ao mensurar a audiência das rádios de São Paulo, soube que a rádio Kosmos estava na última colocação no ranking. Então resolveu dedicar-se exclusivamente às pesquisas e abriu um instituto – que seria o precursor do atual Kantar Ibope Media. Fontes: WikiPedia, Disponível em https://pt.wikipedia.org/wiki/Instituto_Brasileiro_de_Opini%C3%A3o_P%C3%BAblica_e_Estat%C3%ADstica e Abep, disponível em: http://www.abep.org/historia-da-pesquisa/primeiras-empresas-pesquisa. Acesso em: 10 out. 2016.

Brasil serem realizadas por diferentes institutos (IBOPE, Marplan, Nielsen e Datafolha), cada empresa apresenta especificidades na utilização do conjunto de métodos, técnicas, amostragem e periodicidades.

O IBOPE[30] (Instituto Brasileiro de Opinião Pública e Estatística) foi o pioneiro a aplicar metodologias de pesquisa de audiência dos meios de comunicação no Brasil, reportando dados sobre a televisão a partir de 1954. Tal como no caso do rádio, a metodologia inicial foi a flagrante na região metropolitana na cidade de São Paulo.[31] Somente no final da década de 1970, a aplicação de cadernos com questionário estruturado foi realizada – recorrendo à lembrança do entrevistado, quando, em 1985, o instituto recorre ao uso de medidores eletrônicos acoplados aos televisores.

Apesar de tentativas de inserção no território brasileiro por outros institutos como Nielsen e Datanexus,[32] o IBOPE manteve-se até 2015 (com 73 anos de existência) como único instituto no país a reportar índices de audiência com entrega de informações diárias e em tempo real por amostra painel domiciliar e individual.

A fusão com o instituto europeu Kantar, oficializada em dezembro de 2014, retira o título de empresa cem por cento brasileira e ela passa a ser denominada como Kantar IBOPE Media. Esse movimento é percebido como uma antecipação à inserção de concorrentes. Ainda em 2015, o instituto de pesquisa alemão GFK[33] começou a operar no Brasil, mantendo contratos com quatro das principais emissoras abertas do país (Record, SBT, Band e RedeTV!), mas encerrou suas operações em 21 de setembro de 2017 sem sucesso em sua atuação no país.

Em todo o mundo, institutos disputam a comercialização de serviços de pesquisa de audiência (metodologia painel) para

---

[30] Atualmente denominado Kantar IBOPE
[31] Também referida como Grande São Paulo.
[32] Este último criado pela emissora SBT com aporte de US$ 1 milhão mediante parceria com a empresa Geopolitics. Disponível em: http://www.terra.com.br/exclusivo/noticias/2003/05/04/007.htm. Acesso em: 12 out. 2016.
[33] Growth from Knowledge ou Crescimento pelo Conhecimento, em Português.

o mercado de comunicação – principalmente para emissoras de TV e agências de publicidade, uma vez que os dados balizam as negociações de compra de inserções de mídia nas grades de programação (TV, Rádio e espaços/formatos na Internet) para entregar anúncios de produtos, serviços e marcas ao espectador.

Para a mensuração dos hábitos de audiência, os institutos precisam manter atualização tecnológica dos equipamentos, além de acompanhar as mudanças no cenário de uso dos meios mediante parâmetros amostrais. Logo, a ampliação da base de domicílios com antena parabólica, TV a Cabo, posteriormente com TV por Assinatura (além do cabo, via satélite por antena) e, atualmente, com a transmissão digital (SBTVD), são fatores que devem ser refletidos na mensuração dos dados. Além disso, tanto o recurso de multiprogramação e a gravação de conteúdos pelo espectador[34] – já disponíveis nos serviços de TV por Assinatura e amplificados com o sistema de TV aberta digital – representam possibilidades oportunamente monitoradas pelos institutos de pesquisa.

De modo geral, a expansão da pesquisa é consequência da evolução do mercado publicitário[35] e da produção de conteúdos audiovisuais. Por isso, no caso do Instituto Kantar IBOPE, o estudo do meio TV começou na praça de São Paulo, depois Rio de Janeiro, e aos poucos foi implantado nas principais capitais economicamente ativas do país. Atualmente, a pesquisa regular é realizada tanto pela Kantar IBOPE Media quanto pela GFK em regiões metropolitanas de 15 estados.[36]

A metodologia utiliza amostra de domicílios e indivíduos (espectadores que residem nessas casas) com base na aplicação de cálculos estatísticos. Aqueles que participam do estudo representam a totalidade da população de determinada região, gênero, faixa etária e classe socioeconômica.

---

[34] Para assistir posteriormente (Time shift viewing).

[35] Nas regiões do interior ou em mercados com inviabilidade financeira para sustentar a aquisição desses estudos podem ser realizadas pesquisas especiais utilizando cadernos com questões estruturadas para a coleta de respostas sobre o hábito de assistir televisão ou rádio.

[36] Recife, Fortaleza, Vitória, Goiânia, Belém, Manaus, São Paulo, Rio de Janeiro, Belo Horizonte, Brasília, Campinas, Porto Alegre, Curitiba, Florianópolis e Salvador.

O aparelho ou *meter*, também chamado de *peoplemeter*, indica, por intermédio de transmissões (com uso de satélites e antenas), em qual emissora o domicílio/morador está sintonizado, e reporta dados de audiência minuto a minuto, informando também se está sintonizado em canal de circuito interno (muito comum em condomínios) ou utilizando outros aparelhos (DVD ou videogames, por exemplo).

Embora esse procedimento seja eficaz em termos de uso tecnológico, como em qualquer pesquisa não está imune a possíveis desvios. Caso o morador durma ou saia do ambiente em que o aparelho de TV esteja ligado, os equipamentos continuarão reportando audiência como se estivesse assistindo ao programa exibido naquela faixa horária.

Cientes disso, neurocientistas procuram obter dados ainda mais assertivos a partir de equipamentos que auxiliam na leitura de estímulos cerebrais do público em relação a determinado conteúdo audiovisual ou publicidade. Porém o uso desses dispositivos ainda exige alto investimento, além de serem incômodos para a anatomia humana e dependentes de análises individuais. Pela natureza desses estudos, o processo é complexo e tem outros objetivos, ainda não sendo aplicável aos relatórios gerais de audiência.

As informações dos relatórios de audiência são "sindicalizadas", o que indica que somente as empresas contratantes têm acesso aos dados reportados igualmente para todos os assinantes do serviço. Assim, emissoras não contratantes do serviço (ou que, por algum motivo, não são "relevantes" para o mercado de comunicação), ficam agrupadas em um código que representa "outros canais". De modo geral, possibilitar que a informação de determinada emissora fique disponível no banco de dados dependerá de critérios relacionados ao interesse da concorrência ou ao destaque do veículo para o mercado publicitário.

A partir da coleta de informações básicas, como tempo dedicado e número de telespectadores, diversos índices derivados podem ser calculados para facilitar tanto a leitura quanto a interpretação dos dados, como também a tomada de decisões pautadas por estratégias de marketing e programação.

A constituição das grades de programação envolve fatores materiais e abstratos que vão desde a análise de dados de audiência, passando pelo roteiro, pela criatividade e pela estética, além de considerar a adequação do conteúdo aos interesses do público, hábitos e manutenção da fidelidade. Para essa composição complexa, diversos são os parâmetros utilizados para avaliar os resultados de um programa a partir dos critérios mercadológicos.

Há métricas que comparam performance do programa em relação a todos os demais conteúdos (tanto do mesmo canal como dos demais), análises dos conteúdos por categorias, como gênero, faixa horária e segmento de público, relatórios por tempo de exibição, indicativos de retorno da audiência e rentabilidade do programa, entre outras dezenas de possibilidades.

Moraes (2009) também denuncia que as atualizações das programações e das ofertas de conteúdos procuram fidelizar a audiência seguindo a conveniência de estratégias. Porém a multiplicação de conteúdos não é uma consequência direta para qualidade editorial e pluralidade de perspectivas. Antes, tanto a omissão de fatos quanto as constantes mudanças nas grades de programação de conteúdos seguem "modelando comportamentos e consciências, bem como influenciando agendas públicas e privadas" (Moraes, 2009, p. 49).

Essa realidade pode ser observada tanto na distribuição de conteúdos pela TV e pelo rádio quanto pelas plataformas de redes sociodigitais acessadas pela Internet. Essa seria uma condição inerente à dinâmica da grande mídia ao "incorporar peculiaridades socioculturais a determinados produtos e serviços, de modo a usufruir vantagens simbólicas associadas ao trabalho de conversão de identidades à lógica consumista" (Moraes, 2009, p. 49).

Com essa breve explanação, parece pouco apropriado o uso do termo audiência *stricto sensu* para a abordagem das iniciativas comunitárias, uma vez que são canais deslocados para a periferia e, portanto, teoricamente, à margem do circuito mercadológico promovido pela indústria televisiva. Como exposto, os dados de audiência das TVs Comunitárias somente seriam reportados caso houvesse interesse do mercado, relevância e/ou contratação do serviço pelo próprio canal.

Em conversas ordinárias é comum as pessoas sinalizarem que gostariam ou não de "dar audiência (ou ibope)" para determinado programa ou canal. No entanto, trata-se apenas de uma expressão relacionada aos hábitos cotidianos que, embora represente situações reais, não são computados para os relatórios das emissoras de TV – salvo se o domicílio e respectivos residentes estiverem participando de algum tipo de pesquisa referente aos hábitos de consumo dos meios.

Diante da característica do nosso objeto de estudo e da sua proposta de inserção como contraponto em relação aos fluxos comunicacionais estabelecidos pelos conglomerados de comunicação, acredito que seja importante ressignificar o conceito, utilizando-o no contexto próprio dos canais comunitários.

Nesse sentido, devemos considerar as limitações técnicas dessas iniciativas e o reduzido raio de atuação para transmissão do sinal. Isso significa que, embora uma TV Comunitária possa estar geograficamente localizada no mesmo município que outros canais de televisão, de fato sua abrangência será muito menor devido a fatores como defasagem técnica, sobreposição de sinais que interferem na frequência e retiram o canal do ar e, principalmente, pela amplitude limitada do raio do sinal.

Os cálculos dos dados de audiência são balizados pelo número de indivíduos que assistem/ligam o televisor em relação a população de conjunto de municípios de determinada região metropolitana que tem televisor. Percebe-se que tanto em termos de alcance potencial[37] como alcance real,[38] os canais comunitá-

---

[37] Domicílios da região que poderiam ser alcançados pelo sinal da emissora.
[38] Domicílios da região que de fato sintonizaram determinada emissora.

rios encontram-se em desvantagem diante da realidade local e específica na qual estão inseridos. Ou seja, ocorre desnível na representação de contexto que se difere e se distância da realidade e dos objetivos concebidos para estudo comparativo de dados no competitivo mercado midiático.

Obviamente, os canais gerenciados por grandes corporações também podem apresentar dificuldades técnicas, como redução da frequência, perda de sinal devido a fenômeno meteorológico, geografia da região ou problemas com equipamentos. No entanto, na livre concorrência é possível que cada empresa mobilize de modo ágil sua equipe técnica e solucione problemas com base em requisições junto à Anatel quando necessário.

De fato, a partir da Revolução Industrial e consequente desenvolvimento dos meios de comunicação sujeitos às leis produtivistas, teóricos apontam a relação comercial estabelecida e as pressões econômicas que nortearam a história da mídia e suas evoluções tecnológicas. No entanto a atuação da sociedade e do público "consumidor" também deve ser considerada como elemento que compõe os campos de disputas, intervindo nos fluxos comunicacionais.

Ao considerar as diferentes abordagens sobre as estruturas dos meios de comunicação e do mercado sobre as audiências, as relações sociais devem ser destacadas, indo além das menções de receptividade pela velocidade das inovações e pelo aumento exponencial de conteúdos distribuídos nas mais diversas plataformas e dispositivos.

4.1 ECONOMIA POLÍTICA DA COMUNICAÇÃO E AUDIÊNCIA: CONSUMO ALÉM DOS RATINGS

Lívia Barbosa (2004, p. 37) menciona que a partir da divisão de grupos de teorias sobre a sociedade do consumo, os estudos de Bourdieu seriam localizados no segmento "modos de consumo". Em seu livro *La distinction* (1979), ele aborda a relevância do posicionamento da mercadoria para o consumo ao estabelecer relações sociais que privilegiam o poder e a consequente manutenção de dominantes e dominados.

No livro *Sobre a televisão*, Bourdieu (1997) mantém como referência essa atuação econômica e mercadológica, descrevendo a existência de forças invisíveis moldadas pelos segmentos de mercado e concorrência no setor de comunicação. Relata que o espaço social construído a partir dessas instituições favorece um campo de forças em que coexistem dominantes e dominados. A tensão ocorre tanto internamente, nos próprios veículos de comunicação, quanto externamente, sendo seu poder determinado tanto por seu peso econômico ou *share* de mercado quanto pelo seu poder simbólico – que, segundo o autor, é mais difícil de quantificar (Bourdier, 1997).

Sobre essa abordagem, mais tarde Mattelart (2011) sinaliza que os estudos culturais com sua ênfase em pesquisas sobre consumo acabam por excluir a noção de dominante e dominado. Assim, os teóricos teriam reduzido o campo de análise dos elementos que impactam nas relações sociais e abandonado a análise crítica enquanto reportam dinâmica própria do mercado e das estruturas que atuam a seu favor.

Isso porque, longe de promover uma "revolução simbólica", o mercado televisivo mantém-se orquestrado pela lógica concorrencial de mercado. Assim, evitando temas que evidenciam as "asperezas" do cotidiano, o moralismo televisivo procura direcionar consciências e os pensamentos sobre o que é relevante, sobre o que deve ser disseminado e, consequentemente, discutido, e do conhecimento da sociedade (Bourdieu, 1997).

Com base nessa observação, o autor continua sua crítica direcionada aos conteúdos jornalísticos – mas que pode ser estendida a outros gêneros e produtos midiáticos – ressaltando que a televisão, pela sua capacidade ampliada de atingir públicos distintos, tende a homogeneizar seus produtos simbólicos. Com esse direcionamento, as informações transmitidas são banalizadas e despolitizadas, mantendo o que o estudioso chama de "estruturas mentais" do público em conformidade, na medida em que pauta seus conteúdos pelos supostos interesses da audiência.

Diante da diretriz em que os produtos culturais são desenvolvidos e mantidos de acordo com o seu sucesso ou sua receptividade positiva, o autor francês afirma que os profissionais de comunicação são vítimas da "mentalidade – índice de audiência" (1997, p. 79) diante das pressões econômicas sobres as quais os meios estão sujeitos. Do mesmo modo, ressalta que faz parte dos estudos sociológicos indicar que o indivíduo tem autonomia, responsabilidades e limitações referentes às suas escolhas, conforme atuação na estrutura da qual faz parte. Ou seja, como uma peça num jogo de xadrez, relata um paradoxo: tanto jornalistas e telespectadores, como parte desses mecanismos, são manipulados, mas, ainda assim, podem obter alguma liberdade.

Perante a conclusão que sua proposta de "revolução simbólica" pode ser interpretada como utópica, Bourdieu delega a responsabilidade para os jornalistas e profissionais de comunicação que atuam na construção do meio e no desenvolvimento de produtos culturais: "mas àqueles que opõem sempre ao sociólogo seu determinismo e seu pessimismo, objetarei apenas que, se os mecanismos estruturais que geram as faltas de moral se tornassem conscientes, uma ação consciente visando a controlá-los se tornaria possível" (Bourdieu, 1997, p. 80).

Bourdieu ainda relata que essa preocupação com a moral pode adquirir força conforme desenvolvimento de mecanismos que atraiam a atenção dos indivíduos. Para tanto seria necessário constituir um esquema de reforços e recompensas que possibilitassem a fundamentação com base nesses objetivos. Para o sociólogo, esse movimento poderia partir do próprio público, porém com visão pessimista nega a competência do espectador pela falta de esclarecimento e de consciência da manipulação à qual está submetido.

Apesar da preocupação do autor francês com as estruturas que perpetuam disputas de classe e subjugam o público ao consumo homogêneo, acredito que a solução para a ruptura desse sistema esteja no movimento de participação e de inclusão dos espectadores numa abertura horizontal de diálogo com os profissionais produtores de conteúdo audiovisual para emissoras de rádio e TV (tal como pode ser melhor observado pelas plataformas digitais na Internet), em vez de creditar solução somente na dinâmica verticalizada de produção.

Isso porque, tal como Bolaño (2000) relata, a real desigualdade de acesso à informação é uma questão velada ou omitida entre os produtores de comunicação enquanto são exaltados discursos de liberdade promovidos pelos meios de comunicação de massa. Como a tentativa de igualdade também mascara a desigualdade no processo produtivo, percebemos que todo o sistema está comprometido:

> No mesmo sentido operam os meios de comunicação de massa, que ao garantir aparente igualdade, presente na liberdade de acesso à informação de domínio público, encobrem a desigualdade fundamental que se expressa no caráter de classe da informação no processo de trabalho [...]. Assim, ao preservar o momento da igualdade de acesso geral à informação, os meios de comunicação de massa permitem que a desigualdade se exerça no nível do processo produtivo (Bolaño, 2000, p. 50).

Nessa perspectiva, se por um lado a igualdade no acesso e a liberdade de informação tornam-se parâmetros de utopia, que ao menos sejam perseguidos e minimizados com a inserção de novos atores sociais e a participação do coletivo.

Os meios de comunicação são responsáveis por disseminar produtos simbólicos que contribuem para formação do ser social e o estabelecimento de relações que privilegiam a lógica de mercado concorrencial instituído pelo neocapitalismo. No entanto, pela análise de Bourdieu (1997), o consumidor ou telespectador é passivo e direcionado a saciar necessidades materiais e simbólicas manipuladas por grupos que visam à manutenção de poder.

Portanto, embora com bases argumentativas diferenciadas, tanto a observação de Bourdieu quanto a explanação de Bolaño denunciam o perigo de avaliações superficiais sobre a suposta relação de liberdade dos receptores e o livre acesso aos conteúdos mediados pelos meios de comunicação. Mas o posicionamento crítico de Bourdieu pode ser interpretado como pensamento elitista na construção da televisão.

Aliás, essa é a definição feita pelo próprio sociólogo ao considerar que assim podem definir seu discurso em prol de barreiras de entrada tendo como filtro "criações mais elevadas da humanidade" (Bourdieu, 1997, p. 65). Tal observação expande-se com exemplos para a arte e para a literatura, cuja atuação norteia os valores estabelecidos (conformismo e academicismo) e/ou os valores de mercado.

Nisso, Mattelart (2011, p. 157) realiza um apanhado histórico e expõe a tensão entre Estudos Culturais britânicos e a Economia Política da Comunicação,[39] que nasceram de projetos convergentes antes de seguirem por caminhos mais afastados. Segundo o autor, tanto os Estudos Culturais quanto a EPC são provenientes da crítica à sociologia funcionalista e seu olhar instrumental dos meios e do receptor, desconsiderando estruturas e variantes responsáveis pelo contexto em que se inserem, enquanto direciona análises sobre o conteúdo.

Inicialmente, tanto os estudos culturais quanto a EPC direcionaram esforços em análises sobre a centralidade dos processos ideológicos, dos subtextos, dos segundos significados e do marxismo ortodoxo reducionista entre base econômica e cultura, infraestrutura e superestrutura (Mattelart, 2011 p. 157). Porém, gradualmente, os Estudos Culturais direcionaram suas pesquisas ao conteúdo como fonte de análise da ideologia. Tal condução foi o início da ruptura com a EPC, que criticava o posicionamento com o enfoque na ideologia ao mesmo tempo em que desconsiderava a dinâmica da indústria cultural e do mundo social sob influência dos produtores.

---
[39] A partir daqui denominarei apenas como EPC.

Mattelart (2011) menciona que na década de 1970, ambas as correntes teóricas estavam em desenvolvimento. Entretanto, naquele período, tanto os Estudos Culturais quanto a EPC não se interessaram de modo aprofundado por estudos das audiências e da recepção.[40] Tendo como referência as reflexões de Marx, considerava-se que produção e consumo seriam inseparáveis. Somente nos anos 80 há um avanço qualitativo no entendimento dos processos comunicacionais e culturais e o novo paradigma do fluído, da rede que compõe a organização social a partir das mediações e das negociações que atravessam a vida cotidiana.

Nesse ponto, o autor Martín-Barbero, no livro *Dos meios às mediações* (1987), aborda o uso social dos meios com bases nas relações sociais estabelecidas, considerando também o público receptor como potencial produtor de sentidos. Com esse campo de observação, de certa forma aproxima-se do olhar antropológico para compreender os fluxos comunicacionais e a inserção da cultura na rotina do homem comum, no cotidiano que pode ser repleto de significados políticos.

Assim, possibilita a reconfiguração da noção de consumo dos meios até então estabelecida pela recepção passiva, indicando que os fluxos de produção nas mãos dos espectadores podem gerar tensões, negociações e resistências entre os grupos. Martín-Barbero (1997) também reporta que os usos dos meios e das rotinas comunicacionais podem ser distintos, de acordo com a necessidade, contexto e público – nesse aspecto mais uma vez se aproximando de teóricos dos estudos antropológicos sobre consumo material dos meios.

Assim, com a desregulação, ou autorregulação, do mercado, surgem investidas em explicar o fenômeno da recepção ativa, tendo como reflexo o avanço da metodologia etnográfica que marca a

---

[40] Porém, foi justamente pela perspectiva da Economia Política da Comunicação que se realizou o primeiro estudo de audiência em um processo revolucionário de disputas de classes no Chile, considerando a relação da televisão com os setores populares, tendo como objetivo "elaborar a nível de televisão pública uma política alternativa de produção da ficção" (Matterlart, 2011, p. 158). Tal estudo é fruto da investigação de Michele Mattelart e Mabel Piccini (1974).

segunda geração dos estudos culturais. Mais adiante, Mattelart (2011) ainda destaca que a principal crítica em relação à perspectiva etnográfica é o abandono às reflexões sobre a indústria cultural, os produtores e a ideologia. Desse modo, perde o elo com conceito base:

> Esse "esquecimento" do "conteúdo" implica que a atribuição de um novo significado às mensagens de televisão ou outros pelo público se desenvolve em um mundo liberto do peso inerente à natureza material da produção de uma ordem cultural. É nestes casos, quando você pode medir a distância entre o projeto etnográfico do projeto de materialismo cultural desenvolvido no início por Raymond Williams, que eu considero precursor em um momento de economia política crítica e os estudos culturais (Matterlart, 2011, p. 161, tradução nossa).[41]

Com essa abordagem, a predominância da lógica *mainstream* e da recepção ativa conduzem a centralidade das questões na cultura, enquanto subjugam fatores sociais, econômicos e políticos. Para o pesquisador, essa elevação da cultura pode ser considerada como um processo de autonomia ou "culturalismo", que separa as análises da cultura dos fatores econômicos e geopolíticos. De modo sucinto, podemos dizer que esse é o pressuposto dos estudos desenvolvidos pelos antropólogos do consumo. Assim, o modelo neoliberal da globalização foi reafirmado enquanto influenciador de diversos outros segmentos, como é o caso dos processos sociais e o uso das tecnologias digitais.

Sob essa orientação, o processo de consumo torna-se consequência inevitável diante da cultura global pautada pelo sistema regulador e mercadológico imposto. As análises culturais desconectadas de outras realidades e perspectivas geram o isolamento

---

[41] Tradução livre pela autora a partir do trecho "Este 'olvido' de los 'contenidos' supone que la 'resemantización' de los mensajes televisivos u otros por las audiencias se desenvuelve en un mundo liberado del peso inherente del carácter material de la producción de un orden cultural. Es en estos casos cuando se puede medir la distancia que separa al projecto etnográfico del proyecto de materialismo cultural desarrollado precozmente por Raymond Williams, a quien considero precursor a la vez de la economía política crítica y de los estudios culturales".

dos estudos etnográficos de análises complexificadas que abordem a diversidade de fatores engendrados na comunicação e na cultura. Por isso, Mattelart (2011, p. 160) afirma que o início desse "giro etnográfico" (ainda vigente), possibilitou a desregulação do campo crítico – comentário e julgamento claramente direcionado aos estudiosos desse campo.

Na atualidade, em relação à aplicação da etnografia aos estudos de recepção, Jacks (1997) e Orozco (2003) sinalizam para a importância de observações que considerem a variedade de elementos sob influência da cultura, da política e da economia. Portanto os autores concordam que conjecturar os fatos e as conclusões com outras disciplinas é um desafio necessário, evitando explanação superficial e apresentação míope dos estudos.

De acordo com Mattelart (2011), os efeitos trazidos pela etnografia conduzem à leitura negociada entre produtor e receptor e, consequentemente, à proliferação de estudos voltados para atender interesses de disciplinas voltadas para os negócios, como administração e marketing. Porém outras instâncias também teriam sido contaminadas por essa vertente. O autor denuncia que a Unesco – até então com visão voltada para os fatores de análise da EPC, gradualmente foi se aproximando das questões propostas pela Antropologia e pelos setores não críticos dos Estudos Culturais.

Com o aumento no número de pesquisas acadêmicas sobre consumo e audiências, e diante da diversidade de objetos de estudo e de evolução das correntes teóricas, a oposição e a distância entre dominantes e dominados, embora nem sempre aparente, adquire nuances. Atualmente, Estudos sobre Consumo, Estudos Culturais e Etnografia representam campos teóricos que têm autores com visão crítica em relação à manipulação, tensão entre grupos e atuação do mercado no cotidiano, abordando o tema a partir de novos olhares.

Paralelamente, numa abordagem mais abrangente, teóricos sobre Comunicação Pública e EPC, campos de estudos em que há intenso debate sobre o desenvolvimento da comunicação comunitária e independente, tendem a demonstrar preocupação com o exercício de poder econômico e consequente disseminação de conteúdos hegemônicos que propiciam a manutenção de lógica mercadológica, considerando os diferentes elementos do contexto. Tradicionalmente influenciados pela teoria marxista e neomarxista da Escola de Frankfurt, denunciam o "consumo" como consequência do capitalismo dominante na sociedade ocidental contemporânea.

Em suma, nessa discussão interessa-me uma visão ampliada sobre participação social, ao identificar fatores relacionados ao engajamento de indivíduos em relação a produtos audiovisuais – no caso de conteúdos televisivos distribuídos nas diferentes plataformas. Para tanto, entendemos que a Economia Política da Comunicação aponta questões relevantes sobre estrutura e conjuntura do mercado de comunicação com abordagens macro, que devem ser melhor compreendidas a partir de outras óticas para responder por temas relacionados ao engajamento e à atenção dedicada a produtos culturais audiovisuais no cotidiano local.

Por isso, para compreensão dos processos sociais e culturais que atravessam os hábitos das audiências locais e populares em relação às TVs Comunitárias, entendemos como ideal a "Análise Crítica da Audiência", que extrapola entendimentos limitados relacionados aos índices mercadológicos de audiência. Para adequarmos o conceito de audiência à realidade das iniciativas comunitárias, acreditamos que uma das possibilidades seja reapropriá-lo mediante a ênfase na participação e na atenção dedicada. Desse mesmo modo, a concepção de "consumo" e uso dos meios devem abranger outras percepções diante do processo de envolvimento e das conjecturas relacionadas aos discursos midiáticos e suas incorporações nas relações sociais.

Ao expor a complexidade do tema, para darmos continuidade ao estudo, entendo como válida a observação de Becker (2013, p. 22) sobre TV digital, interatividade e audiência:

Um ponto de partida para a revisão deste modelo é analisar a televisão como mediadora, incluindo tanto a tecnologia, quanto o conteúdo e os dispositivos usados para se chegar a ele. Antes de mais nada, medir, estudar ou pesquisar audiência, trata-se de conhecer e entender o telespectador, ou usuário. Simplesmente quantificar a audiência ajuda na busca por números que sustentem um modelo de negócios. No entanto, esses números podem não ser suficientes para explicar fenômenos novos, como os do engajamento [...].

4.2 MERCADORIA AUDIÊNCIA

Como exposto, a teoria crítica da comunicação concebe os meios de comunicação com base em sua atuação fundamental nas relações sociais como mediadores de ideologias e distribuidores de produtos simbólicos. Com essa característica, perpetuam estruturas preestabelecidas para transformar elementos tangíveis e intangíveis em mercadorias, visando ao lucro e ao fortalecimento financeiro das instituições. Nesse contexto, o consumidor ou telespectador é identificado como passivo e direcionado a saciar necessidades materiais e simbólicas manipuladas por grupos que promovem a manutenção de poder.

O conceito de audiência discutido pelo mercado, com suas utilizações em prol de realizações de negócios entre anunciantes e veículos de comunicação para inserção de publicidade, frequentemente é alvo de debates no meio acadêmico. A audiência seria a tradução do consumo dos meios de comunicação conforme parâmetros estabelecidos e regulados pela concorrência da indústria cultural. Nesse quesito, o conceito de audiência é representado por variável numérica sobre o consumo de conteúdos simbólicos, composto por variáveis que consideram o número de indivíduos alcançados (alcance) e o tempo dedicado (tempo). Sua manutenção perpassa pela construção do hábito de ler, assistir ou ouvir.

O ecossistema midiático é marcado por disputas de interesses em consonância com a busca incessante por audiências. Nesse competitivo cenário, busca-se a concentração dos meios e a utilização de espaço público para que o interesse privado prevaleça. Porém, com a evolução tecnológica, com o cenário de mobilidade e com a convergência das mídias, multiplicam-se as disputas entre os veículos de comunicação para atrair a atenção do público. Essa atenção é balizada pelos índices de audiência e pela interatividade, que possibilitam estabelecer níveis de proximidade entre produtor e público ou entre conteúdo e audiência.

Portanto, a diversidade de mecanismos proporcionados pela digitalização do sinal de TV indica que a transição do sinal analógico para o digital continuará como alvo de disputas e negociações com a implantação da TV 3.0, do crescimento acirrado do *streaming* e vindouras produções de conteúdos por meio de Inteligência Artificial (IA). À medida que as inovações possam interferir nos modelos de negócios da indústria midiática, na atenção dedicada pelo público e no retorno de investimentos publicitários, podem ocorrer novas interferências do mercado na constituição desses espaços públicos de comunicação.

Embora participante de outra escola teórica, Don Slater desenvolve argumento similar expondo os ciclos sociais constituídos a partir do consumo. A antropóloga Barbosa (2004, p. 32), que se dedica a estudos sobre consumo, sinaliza que de acordo com os pensamentos de Slater "práticas sociais, valores culturais, ideias, aspirações e identidades são definidas e orientadas em relação ao consumo ao invés de e para outras dimensões sociais como trabalho, cidadania e religião, entre outros".

Dessa forma, o apontamento crítico do autor indica que o consumo é moldado pela entrega de mercadorias que consolidam a essência da sociedade ocidental moderna pautada pela posse de bens. Do mesmo modo, o direcionamento de interesse e captura da atenção adquirem perspectiva mercadológica enquanto moldada pela gana econômica que oblitera questões sociais, culturais e políticas orientadas para o coletivo.

Barbosa (2004, p. 31) expõe que esse entendimento enfatiza a cultura do consumidor como uma cultura da sociedade de mercado e, portanto, sendo regulada por escolhas, individualismo e relações de mercado. Logo, relações mercadológicas culminam no fortalecimento da moeda mercadoria – compreensão que também permeia as conclusões de pesquisadores da Economia Política da Comunicação (EPC) e a percepção dos meios como mediadores das relações sociais.

Assim, a possibilidade de adquirir algo está baseada nas atividades de troca (moeda salário *versus* moeda trabalho) com base logística de distribuição tanto de recursos materiais quanto culturais. Nesse caso, as instituições produtoras orientariam o consumo e direcionariam hábitos, uma perspectiva de centralização do poder baseada na ordem do capital e do mercado. Mas devemos ponderar se essa ordem genérica de causa e consequência, com o predomínio da indústria produtora nos campos da comunicação e cultura, também prevalece no microambiente, na esfera local sujeita à interferência de outras vozes, olhares diferenciados e organização própria de seus atores sociais.

Nesse sentido, os produtos culturais estariam sujeitos a regras mercadológicas de distribuição que segmentam sua audiência de acordo com o capital cultural e o poder econômico do indivíduo. Até mesmo os conteúdos livremente disseminados por emissoras de sinal aberto de televisão teriam um valor de troca para o mercado de bens e serviços, qual seja: o acesso à audiência. Inclusive, como já dito, esse é o principal modo de manutenção do mercado de comunicação privado: comercialização de espaços publicitários, permitindo que os anunciantes "paguem pela audiência" e possam transmitir suas mensagens com o objetivo de alcançar determinado público-alvo.

Assim, Dênis de Moraes (2009) expõe a influência do capital e da economia nos valores simbólicos, gerando domínio, regras e determinações de cunho financeiro sobre os processos de produção. Submete-se a esfera cultural ao campo industrial, aos mecanismos de inserção no mercado e, consequentemente, à lógica do consumo.

Nesse cenário, Bolaño (2000) explica que, alicerçado pela Indústria Cultural, o trabalho tem duplo valor a partir da geração de duas mercadorias simultaneamente: o produto cultural e a audiência. Então tudo se transforma em capital, inclusive as relações sociais.

Com esse entendimento, há uma subversão que deve ser considerada: o público desloca-se do seu posicionamento de espectador para auxiliar na composição da ordem econômica. Além de receptor, servido com a diversidade de conteúdos, também é servente ao realizar serviços auxiliares (entrega de sua atenção, engajamento e discussões) que corroboram com a manutenção da lógica de mercado dos bens simbólicos, enquanto ratificam o arcabouço para a concentração e a hegemonia de conglomerados de comunicação.

Portanto o meio de comunicação é capaz de transformar o volume de indivíduos alcançados por um determinado conteúdo audiovisual, por exemplo, em índices de audiência que, por sua vez, são monetizados pelo mercado publicitário. Assim, Garnham *apud* Bolaño (2000, p. 223) traduz a "produção" da audiência como "um momento no complexo circuito do capital que estrutura a operação dos meios de comunicação de massa do ponto de vista econômico".

Esse seria, portanto, um modo de considerar a "mercadoria audiência" como uma derivação ou uma adaptação da teoria econômica marxista a partir da fluidez dos produtos comunicacionais e seu entrelaçamento diante das instituições e diferentes esferas sociais.

Moraes (2009, p. 47) expõe a mídia como mediadora por essência, voltada para monitorar indicações e sentimentos cotidianos que estejam relacionados ao consumo e ao desejo de compra. O autor vai além e indica que a mídia absorve "inquietações do público" em maior ou menor grau em virtude de interesses mercadológicos. E Bolaño (2009) menciona a contradição desse processo, na medida em que a audiência representa um indivíduo médio abstrato, ao passo que o mercado publicitário tem interesse em dirigir-se ao ser humano concreto, considerando sua consciência e seus desejos. Esses fatores são essenciais para a manutenção da lógica mercantil da mídia e para implementação de ações de marketing – seja dos anunciantes, seja dos próprios veículos de comunicação:

> No atual modelo comercial da televisão aberta, o público é legitimador e a captação da atenção do receptor, por parte das emissoras, tem o objetivo de usá-la como argumento para obter contraprestações pecuniárias por parte dos anunciantes, a principal fonte financiadora dos canais. [...] A publicidade utiliza-se dessa estratégia de mercado nas interações que se processam entre produtor e consumidor, interessada principalmente na melhor forma de aproximação e efetivação das trocas. Dessa forma, a mensurabilidade, ou seja, o tamanho do mercado a que se destina atingir, ou daquele no qual se pretenda penetrar, é um dos pontos fundamentais para se ter efetivamente uma ação de marketing (Brittos, 2011, p. 14-15).

Assim, para o desdobramento proposto neste livro é possível concluir que o conceito de audiência envolve representação constituída a partir de um conjunto de indivíduos concretos, cujos dados são consolidados em média de interesses e hábitos. A dinâmica da "mercadoria audiência" parece muito mais complexa do que um sistema econômico que possa ser esquematizado.

Nessa estrutura, apesar do papel inegável do público e sua atuação negociada pelos veículos de comunicação, compará-lo como moeda de troca seria atribuir passividade, renegando-o às imposições do mercado, em desconsideração à centralidade do sujeito social nos processos comunicacionais. Por vez, ao concordar com o entendimento da audiência como moeda, sujeitamos ao risco de obliterar as diferentes nuances de participação do público enquanto paradoxalmente são consolidados argumentos e convicções do próprio mercado.

Portanto, neste livro propus olhar e entendimento diferenciado em busca de relevância do interesse e do direcionamento da atenção, sem considerar a relevância dos níveis de participação das pessoas para mover processos sociais coletivos de reapropriação dos conteúdos audiovisuais e dos esquemas de produção, principalmente a partir da disseminação das tecnologias digitais. Ainda como exposto por Cabral (2011, p. 158),

> [...] associar as audiências tão somente a mercadorias no contexto dos meios de comunicação é, algo que restringe sua importância atual, na medida em que podem também ser compreendidas como insumos à disposição dos meios de produção e distribuição comucacionais.

Dessa forma, percebemos que as audiências, como representações — ainda que artificiais — das pessoas, têm potencial que não deve ser subestimado como apenas item de troca que fomente o retorno financeiro. Sua importância e seu valor simbólico talvez sejam percebidos ou dissimulados pela indústria midiática, justamente por inserirem a audiência nos fluxos comunicacionais como parte necessária da engrenagem midiática e comunicacional, muitas vezes deixando que as pessoas "percebam" sua relevância ao contribuir para a construção desses processos.

Essa percepção entre o consumo e a produção e seus limites retroalimentados são sutis e não foram detalhadamente explicitados nos primeiros estudos marxistas, mas sua concepção, ainda que abstrata, auxilia-nos a compreender como os discursos midiáticos da participação, do engajamento, da democracia e do livre acesso à informação inserem-se no cotidiano das pessoas e são aceitos por elas como se vivenciassem essas relações sociais por meio das mediações dos veículos de massa, sem, de fato, serem-no. Isso porque a participação limitada, orquestrada e direcionada pelas organizações midiáticas distancia-se do ideal de participação social, em que o sujeito decide por si próprio como e quando atuar nos processos comunicacionais tendo em vista causas coletivas e impacto social efetivo.

Desse modo, para análises aprofundadas sobre hábitos, interações e iniciativas de comunicação pública, comunitária e independente, concluo que seja apropriado ressignificar o conceito de audiência e sua aplicação – seja em virtude de critérios técnicos, seja pelas diretrizes editoriais e objetivos que norteiam a atuação das iniciativas de comunicação popular, comunitária e independente em prol do coletivo, do fortalecimento de vozes locais, da formação de cidadãos e do incentivo ao pensamento crítico.

Tomando como ponto de partida os usos dos estudos de audiência pelo mercado, é possível compreender os limites e os perigos de sua aplicação em contextos com propósitos diferenciados – como é o caso das comunicações comunitárias e independentes e, também, considerarmos outras propostas como oportunidade de práticas de envolvimento das pessoas em relação aos meios de comunicação no local.

Se, por um lado, a audiência continua sendo variável utilizada para a seleção dos conteúdos audiovisuais que terão publicidade em seus intervalos comerciais (*breaks*) e nos "espaços ads" das plataformas digitais na Internet, por outro, ela não é mais suficiente. Com as demandas por retornos de vendas e visibilidade das marcas cada vez maiores, o investimento passa a ser distribuído contando com outros indicadores. No entanto, independentemente da composição e dos estudos realizados, a finalidade continua sendo a mesma: o investimento publicitário representa o aporte de moeda real como possibilidade de troca para receber atenção do público. O resultado dessa operação dependerá das técnicas, do cruzamento de dados, da criatividade na abordagem, dos formatos produzidos, entre outros fatores.

Porém a fidelização da audiência envolve processo cada vez mais complexo diante do público, que também é produtor e usuário de tecnologias digitais. O hábito do consumidor é tema recorrente de congressos e palestras no mercado audiovisual e publicitário. Uma vez que na atualidade o público tem acesso a ainda maior diversidade de recursos tecnológicos e de dispositivos com interfaces mais amigáveis, também adquire a possibilidade de se inserir de modo independente e alternativo no segmento de produção cultural.

Com os avanços tecnológicos e a aceleração do surgimento de inovações, empresas emergentes também se estabelecem nos mais diversos territórios e constroem comunidades de membros ou usuários – Netflix, Meta/Facebook/Instagram, Google/Youtube, TikTok são exemplos. Por outro lado, apesar da mudança de cenário, a concentração perpetua-se e os processos comunicacionais continuam verticalizados, mesmo com iniciativas que se proliferam na base e na periferia com a atuação mais evidente e ativa das pessoas.

Nesse caso, os internautas assistem conteúdos, comentam, divulgam e fazem parte dessas construções de modo mais próximo, garantindo o benefício de ser ativo e participante, diferente do antigo conceito relativo de passividade que "aprisionava" os espectadores. Portanto a barreira de entrada construída pela mercadoria cultural tem variações, de acordo com o segmento exibidor no qual um determinado concorrente deseja inserir-se.

A Internet, embora longe de ser democrática, possibilita maior diversidade de opções que alcançarão maior ou menor número de pessoas de acordo com conjunto de fatores estéticos, culturais e mensuráveis que projetam os conteúdos para a rede de internautas. Já no caso das disputas pela radiodifusão ou espectro de transmissão de TV, as regras para inserção de novos produtores são mais rigorosas: tanto a legislação quanto os interesses econômicos e políticos são barreiras de entrada para possíveis concorrentes.

Nessa conjuntura, os estudos da Economia Política da Comunicação buscam promover a revitalização da autoridade das pessoas a partir de leitura crítica dos elementos que compõem os cenários socioeconômico, político e cultural, tendo em vista a reapropriação dos processos como alternativa à lógica mercantil da oferta e da demanda.

Nesse ponto, como o índice de audiência funciona como "mercadoria" para negociação entre as empresas no mercado midiático, por meio de análise crítica é possível estabelecer olhar diferenciado e ressignificar o termo diante da natureza dos canais de comunicação pública, comunitária e independente. Portanto considero o termo na sua plenitude como audiência potencialmente participante a partir de demanda social pautada pela coletividade na esfera pública. Nesse espaço comunicacional configuram-se iniciativas e relações sociais, levando-nos a refletir sobre as possibilidades democráticas e os atos que nos aproximam ou distanciam do bem comum.

4.3 DEMOCRACIA E AUDIÊNCIA

Conforme mencionado, a multiplicação de meios de comunicação, assim como o aumento do volume de informações disseminadas ou os recursos proporcionados pelas tecnologias digitais por si só não garantem a horizontalidade dos processos produtivos e o acesso igualitário da informação por todos.

Com essa percepção, o mito da informação ao alcance de todos por meio dos meios de comunicação é um argumento falso que desconsidera os efeitos da produção e da lógica mercantilista. Nisso, os recursos tecnológicos ampliam a aparência democrática dos meios ao mesmo tempo em que omitem as dinâmicas política e econômica que permeiam os fluxos comunicacionais. A informação é uma mercadoria e, como tal, somente é publicado o conteúdo permitido e planejado pela indústria midiática.

Por intermédio de reflexão sobre os processos produtivos e receptivos, podemos identificar iniciativas que procuram manter-se como alternativa à lógica dominante. Embora não anule o cenário de recorrente caracterização da desigualdade instaurada na permanência de discursos e ideologias disseminados por uma minoria, são oportunidades de minimizar o desequilíbrio e estabelecer um ecossistema mais plural e menos concentrado na disseminação das informações.

Ainda sobre a abordagem de participação social, outros fatores que permeiam o cotidiano das pessoas, tais como acesso à tecnologia, à capacitação e à educação (letramento midiático) devem ser considerados. A partir da compreensão do reflexo de tais questões e da solução desses tópicos nevrálgicos, teríamos um ambiente com menos vícios e realmente propício para que qualquer cidadão não somente tenha acesso à informação, como também se torne parte ativa dos fluxos comunicacionais e possa criticamente debater sobre o que lhe é apresentado, e se for do seu interesse, apresentar sua opinião sem intermediários, sendo, portanto, sujeito consciente sobre o direcionamento de seus interesses e atenção.

Como Moraes (2009, p. 18) explica, outras iniciativas que garantam maior diversidade informativa e cultural contribuem para mais experiências que funcionem como contraponto aos discursos dos conglomerados midiáticos. Nesse caso, as iniciativas comunitárias e independentes podem se configurar como "projetos criativos capazes de descentralizar, progressivamente, os processos comunicacionais e contribuir para o alargamento das margens da diversidade".

Assim, a inserção das pessoas nos processos criativos proporciona sua atuação ativa e apropriação dos espaços comunicacionais, zelando por abordagens que priorizem a perspectiva da comunidade local. No âmbito do processo social em que o consumo de produtos simbólicos configura-se como matéria indissociável, um paradoxo também se instaura. A comunicação, ferramenta de mediação e legitimação de discursos, tanto é direcionada para o público em geral, como se tal fosse uma massa abstrata e genérica, assim como para segmentos de público divididos (nichos ou subgrupos) de acordo com classificações previamente estabelecidas.[42]

Desse modo, pensamentos ideológicos são direcionados com objetivo comum de unificar e homogeneizar o conhecimento sobre determinado tema, garantindo o domínio das instituições de

---

[42] Um dos métodos de segmentação mais utilizados pelos institutos de pesquisa e reconhecido pelo mercado de comunicação é o Critério de Classificação Econômica Brasil (http://www.abep.org/criterio-brasil).

comunicação como fonte de informação confiável. Concomitantemente, mensagens são elaboradas com objetivos estabelecidos – alcançar e atrair a atenção de segmentos de público. Essa abordagem técnica e instrumentalização dos fluxos de comunicação podem ser percebidas tanto pela publicidade quanto pela esfera midiática, embora nesse último caso os esquemas sejam menos divulgados e perceptíveis.

Portanto é inegável que a lógica da publicidade pautada pela sustentação econômica pode ser encontrada nas estratégias dos meios de comunicação de massa. No caso dos canais de TV por assinatura e canais no YouTube (ou outras plataformas de *streaming* na Internet) e respectivas faixas ou horários de programação, tanto a segmentação para qualificar (a relevância de determinado conteúdo para grupo específico de espectadores) quanto a unificação ou a consolidação de números absolutos para legitimar são argumentos utilizados junto ao mercado anunciante.

Nesse sentido, também é importante considerar os aspectos políticos e econômicos da indústria midiática com os impactos nos modos de vida e nos hábitos, com base na dinâmica entre os concorrentes. Como se reorganiza o público e o mercado quando um veículo desaparece? Por exemplo, se um jornal impresso deixa de ser distribuído, há menor número de opções de veículo. E quais são os impactos sobre os discursos disseminados? Qual a influência nos hábitos das pessoas? Quais relações surgem com o avanço do *streaming* e a tendência de recuo no número de assinantes do serviço de TV paga? Como as reorganizações do cenário midiático também interferem nas relações sociais e, no caso, na composição de um ambiente democrático?

A indústria midiática tem estrutura com limites físicos e influência difíceis de estabelecer. Além do cenário de trocas comunicacionais, possibilita reprodução simbólica entre os diversos agentes e a consequente acumulação de capitais, construindo sua relação com as demais organizações e instituições. Essa atuação possibilita a dialética entre mercado de audiência e bens de consumo, sendo mediadora da atenção do receptor para com os conteúdos.

No momento em que as nomenclaturas consumidor, receptor, cliente, usuário e cidadão sobrepõem-se, seja pela modernização do contexto midiático e do cenário mercadológico, seja pela certeza das múltiplas atividades desenvolvidas pelo indivíduo, também se torna menos óbvia a relação entre participação e atuação democrática. De modo nebuloso, os direitos constitucionais de expressão e acesso à informação para todos acabam sendo defendidos de modo superficial pela mídia como prática recorrente, que somente precisa ser preservada. Do mesmo modo, meios e Estado atuam como "pseudo responsáveis para reduzir as disparidades e garantias de acesso de todos à informação necessária à plena execução dos direitos de cidadania" (Bolaño, 2000, p. 93).

Nisso, as iniciativas comunitárias e independentes podem representar instrumento de comunicação em que os indivíduos se reconheçam e se apropriem do cotidiano para participarem ativamente e defenderem as demandas do coletivo, com o real acesso aos meios de comunicação – ainda que no local, talvez seja possível obter maior equilíbrio nos fluxos comunicacionais com redução das instâncias de poder e abertura para outras percepções. Quando ocorre participação popular ativa e permissão do direito de voz para aqueles que não a tinham, há indícios da democratização dos processos sócio, cultural e comunicacional.

Porém, a centralização e a concentração da mídia contrapõem o ideal da pluralidade de vozes, baseado na disseminação de diferentes pontos de vista sobre fatos, culturas e vivências. O olhar do outro é subjugado e os fluxos de comunicação são constituídos a partir de interesses específicos, que inevitavelmente criam obstáculos para a formação de meios públicos a serviço de todos.

Sobre esse cenário, Castells (2013, p. 86) expõe o potencial gerado a partir da difusão e uso das tecnologias, uma vez "favorecem a democratização, fortalecem a democracia e aumentam o envolvimento cívico". Porém devemos ser cautelosos em direcionar à técnica o potencial de solucionar problemas sociais de inclusão no atual espaço público, a nova ágora:

> Tecnologias anteriores são mantidas na era das máquinas de energia, símbolo da ideologia do progresso infinito [...]. A crença tecno-determinística no poder mágico da comunicação e das redes que acompanham anos de desregulação e a especulação selvagem – paralelamente se manteve a promessa de uma sociedade global da informação como uma nova edição da ágora ateniense – a mesma que naturalizou a difusão indolor de tecnologias intrusivas nas sociedades pós-industriais (Matterlart, 2011, p. 174, tradução nossa).[43]

Perante a inclusão social e a apropriação dos espaços, compreendo que a participação é consequência natural do percurso de construção da cidadania, em que o indivíduo não somente tem o direito humano à comunicação pelo livre acesso aos meios de comunicação, como também sua liberdade de expressão é legitimada como garantia do exercício político em prol do interesse público visando a causas coletivas. Logo, essas condições são indispensáveis para a consolidação da comunicação pública e devem alicerçar as iniciativas de TV Comunitária.

Encontro nos argumentos de Heloísa Matos (2009, p. 52), oportunidade para refletir sobre esse impasse. Segundo a autora, para garantir a participação universal é necessário constituir sistema representativo em que agentes de comunicação atuem como intermediários e porta-vozes dos cidadãos. Isso engloba a amplificação dos mecanismos de construção da esfera pública, considerando todos os meios e as plataformas disponíveis que viabilizem a circulação da informação e o diálogo com a socie-

---

[43] Las tecnologías anteriores vivían en la era de las máquinas energéticas, símbolo de la ideología del progreso infinito; las segundas se alimentan de las fuentes de la ideología de la comunicación sin límites. La creencia tecno-deterministà en el poder mágico de la comunicación y de las redes que ha acompañado los años de la desregulación y de la especulación salvaje – mientras se mantenía la promesa de una sociedad global de la información como nueva edición del ágora ateniense – es la misma que ha naturalizado la difusión indolora de las tecnologías intrusivas en las sociedades posindustriales.

dade, garantindo sua participação. Assim, o usufruto da esfera pública deve ser reconhecido como direito das pessoas para que ele integre a comunicação pública. É preciso desenvolver o sentimento de pertencimento e assumir tal posição de direito, tendo ciência da responsabilidade em ocupar esse espaço no cenário comunicacional.

Isso implica em contínua busca por afastar-se das leis do mercado e do que Esteves (2004, p. 148) chama de "refeudalização do espaço público (a sua apropriação por interesses particulares organizados)", ao direcionar a circulação da informação de acordo com critérios de relevância e segmentação social da audiência. É justamente a atuação do privado sobrepondo interesses do Estado e da sociedade.

A questão assume um paradoxo: à medida que o interesse público e a publicização dos temas embasam a dinâmica da constituição do espaço público, ele torna-se mais dependente dos meios de comunicação que, por sua vez, constituem-se mediante interesses privados. Por isso, para Esteves, a apropriação do Espaço Público e a atuação dos meios de comunicação devem ser analisadas pelos planos econômico, social e político (2004, p. 151), considerando não somente a influência do mercado como também a do Estado. Este último pode intervir diretamente na aplicação de modelos de comunicação pública ou indiretamente por intermédio da regulamentação de leis e/ou de agentes reguladores, tornando conveniente sua atuação híbrida conforme interesses observados.

Com relação ao uso desses espaços públicos para distribuição e circulação de conteúdos, a dinâmica parece gerar diferentes percepções e interesses. De modo geral, para o público representa possibilidades de acesso em qualquer horário e local através de diferentes dispositivos, além dos habituais rádio, TV e jornal. Já para a indústria midiática representa reconfiguração dos processos de produção e trabalho, investimentos contínuos em inovação, novas propostas de empacotamento de conteúdos e oportunidade de alcançar o público por mais tempo, com maior frequência, onde estiver. Ou seja, o esforço para a manutenção do poder também garante conversão em valor para negociações junto aos anunciantes.

Com esse entendimento torna-se possível projetar as consequências no uso da esfera pública para atender interesses privados, o espaço simbólico como disputa de poder para prevalência do particular sobre o coletivo. Além disso, diante do mecanismo retroalimentar pautado pela busca por atenção e pelas alterações de programação como influenciadora no consumo e nos hábitos, a diversidade informativa e cultural não adquire prioridade.

Com essa redução de status, a ampla participação do sujeito social e a abordagem de questões do coletivo ficam aniquiladas, descaracterizando o processo democrático sobre o qual os meios de comunicação deveriam fundamentar-se. As interferências econômicas e político-ideológicas cerceiam o pluralismo, bloqueiam o exercício da cidadania e turvam o debate em prol de causas sociais.

5

MUDANÇAS NAS ESFERAS PÚBLICA E PRIVADA DA ATENÇÃO

> *Os elementos do sistema de trocas pré-capitalistas, os elementos do intercâmbio de mercadorias e de informações, só demonstram a sua força revolucionária na fase do mercantilismo em que as economias nacionais e territoriais se constituem simultaneamente com o Estado Moderno.*
>
> *(Jürgen Habermas)*[44]

A ideia de que a Internet remonta à Ágora da Grécia Antiga apresenta limitações tanto pelo escopo de uso das tecnologias digitais e interações sociais necessárias quanto pelo próprio entendimento da ágora tradicional. As praças públicas gregas estavam sujeitas às complicações de seu tempo, ainda que constituídas enquanto espaço de discussão e diálogo sobre assuntos de interesses comuns.

Os meios de comunicação proporcionam mecanismos que impactam no processo de direcionamento da atenção, reestruturando o modo como os indivíduos se relacionam entre si. Logo, com referências na publicação *Mudança estrutural da esfera pública*, de Habermas (2003), originalmente publicada em inglês em 1989, mas reconhecendo os apontamentos de Thompson (1998) relativos às fronteiras necessárias para que a esfera pública não seja imposta como ambiente mítico inalcançável, a relevância do desenvolvimento dos meios e sua intrínseca relação com os processos sociais

---

[44] HABERMAS, Jürgen. **Mudança estrutural da esfera pública**: investigações quanto a uma categoria da sociedade burguesa. Tradução de Flávio R. Kothe. Rio de Janeiro: Tempo Brasileiro, 2003.

é um dos principais argumentos que une os estudos de Habermas (2003) e Thompson (1998).

Assim, o processo de desenvolvimento da mídia entrelaça-se com as sucessivas reconfigurações da sociedade. E diante das mudanças histórico-sociais e da crescente profissionalização da mídia, a esfera privada foi adquirindo contornos de menor proporção enquanto a esfera pública ampliou gradativamente sua importância no cotidiano urbano dos indivíduos. Enquanto espaço de demonstração de poder econômico e político, a esfera pública sofreu sucessivas mutações como ambiente contínuo de disputa por colonizadores que almejam ampliar seu círculo de influência.

Ademais, como o próprio Habermas (2003) sinaliza, sua reconstrução histórica tem recorte que não contempla a "esfera pública plebeia". Logo, suas análises clássicas apresentam olhar parcial da realidade ao excluir minorias, gerando possíveis restrição à discussão inicial sobre a esfera pública que não abrangeu, por exemplo, os movimentos sociais ou articulações "plebeias" da época.

Contudo, embora a discussão da esfera pública por Habermas não evidencie a importância dos distintos interesses envolvidos na relação dos meios de comunicação com o Estado e o Capital, assim como omite as dinâmicas específicas de grupos voltados para movimentos sociais e operários, partindo da prerrogativa de que a "esfera pública plebeia" mantém seus direcionamentos a partir das intenções e ditames da esfera pública burguesa (Habermas, 2003, p. 10), as contribuições do teórico tornam-se ainda mais pertinentes quando o olhar é deslocado para os fluxos de atenção mediada na atualidade.

Mesmo diante do paradigma dos modos de produção advindos com as tecnologias digitais e do estabelecimento de novos elementos para "colonizar a atenção" das pessoas com base no controle de dados e estruturas, podemos observar a emergência de ações comunicativas voltadas para gerar deslocamentos de interesse em prol de causas coletivas e da defesa da justiça social, com tentativas para desafiar a lógica sistêmica da esfera pública digital, ainda que circunscrita nela. A respeito da Internet, Habermas (2008, p. 13) teceu interessante comentário sobre seus mecanismos e potencialidades. Para o autor,

> [...] a internet certamente reativou as ações cívicas de um público igualitário de escritores e leitores. Contudo, a comunicação mediada por computador através da internet pode demandar méritos democráticos inequívocos somente para um contexto especial: ela pode desafiar a censura imposta por regimes autoritários que tentam controlar e reprimir a opinião pública. [...] Através de esferas públicas nacionais estabelecidas, os debates online entre os utilizadores da web promovem uma comunicação política somente quando novos grupos se cristalizam em torno de pontos focais sobre a qualidade da imprensa, por exemplo, jornais nacionais e revistas políticas.

Enquanto as plataformas de redes sociodigitais, organizadas a partir de empreendimentos corporativos, denotam eficiência no agenciamento de ações coletivas e suas formas de interação, ao mesmo tempo fazem emergir a intolerância e intensificam formas de controle e de exposição à privacidade. Por sua vez, o papel da mídia vem sendo fortemente questionado e formas periféricas de produção e circulação midiática vêm aparecendo – não necessariamente em oposição, mas valendo-se dessas estruturas para se legitimarem socialmente.

Apesar da consolidação da Internet enquanto modelo de negócio somente ocorrer no século XXI, Habermas (1981) já havia abordado no século XX sua concepção sobre os novos movimentos sociais europeus em referência aos objetivos pelos quais os grupos estavam se organizando no final da década de 70, de modo a gerar distanciamento das pautas contrárias às formas capitalistas de produção e exploração do trabalho.

Ao observar que outras pautas adquiriam destaque nas reivindicações,[45] o autor indica que os elementos e as estruturas forjados pela lógica capitalista passavam a ser parte da dinâmica dos movimentos sociais que, por sua vez, distanciaram-se da luta de classes. Ainda que tal observação possa gerar ressalvas a depender das especificidades de cada ação coletiva, do conjunto de práticas/mobilizações e da origem (ou fatos geradores) da agenda de reivindicações, essa compreensão agrega novas camadas às discussões sobre os movimentos sociais e ações de iniciativas de comunicação popular, comunitária e independente na Internet, com respectivos tensionamentos característicos dessas iniciativas na América Latina.

No entanto, Caballero (2020) propõe abordagem diferenciada a respeito do conceito de esfera pública e da atuação de movimentos sociais na Internet. Baseado na leitura marxista, o autor resgata o conceito de "esfera pública oposicional" (de Oskar Negt) para problematizar elementos distintivos de participação política que transcendam as discussões superficiais sobre experiências vinculadas ao chamado "ciberativismo" e sua consequente avalanche em prol do frenesi de cliques e curtidas ("clickativismo").

Assim, diferentemente da abordagem de esfera pública elitizada de Habermas, em que o ideal de participação e ação política descola-se das classes menos favorecidas, é possível problematizar os diversos modos de participação e ativismo digital nas plataformas digitais enquanto ambientes públicos de ação coletiva dos subalternos (Caballero, 2020), diante da estrutura que permeia as redes sociais na Internet e configura as relações estabelecidas nesse ambiente.

Dessa forma, a atuação de atores sociais nas estruturas de redes proporcionadas pela Internet e a ocorrência de ações comunicativas que proporcionem mudança social são questões a serem

---

[45] O autor ainda destaca a capacidade de debate político propiciado por mobilizações como aquelas exercidas por ecologistas e feministas, capazes de gerar mudanças na "gramática das formas da vida" (Habermas, 1981, p. 33) e, portanto, capazes de defender direitos na arena pública.

discutidas perante os fatores estruturantes da esfera pública digital que fragiliza as relações, mas dialeticamente contribui para que vozes sejam inseridas em espaços até então impenetráveis, dada a configuração dos modelos de negócios das Tecnologias da Comunicação e da Indústria Midiática.

Em consequência, mesmo diante dos fatores estruturantes que norteiam as relações, tanto o espaço público (físico) quanto a esfera pública (virtual) podem ser concebidos e articulados como ambiências para atuação de ações coletivas de iniciativas de comunicação popular, comunitária e independente, em exercício da democracia participativa, em prol de reivindicações de classe (mas não somente) contrárias à lógica capitalista e respectiva dinâmica de poder.

Sendo assim, partindo do modelo político e econômico inglês, Habermas discorre sobre a esfera pública que surge no início do século XVIII, quando grupos se fortalecem politicamente para utilizar esses espaços de discussões como ambiente de tomada de decisões e reivindicações perante o Estado. Concomitantemente a esse processo de transição, a monarquia absolutista inglesa dá lugar a uma monarquia constitucional sujeita à força política e econômica da burguesia.

Embora o sociólogo alemão discorra sobre a constituição e as mudanças na esfera pública de modo a demonstrar fatores que impactam na articulação da opinião pública, convém observar que o despertar de interesses pode ser caracterizado como processo de comunicação social precedente aos debates públicos e à formação de opinião pública.

Logo, sem o direcionamento de atenção e de interesse, não haveria esfera pública ou os ideais de diálogo e participação política que são essenciais para o fortalecimento de movimentos sociais. Segundo Habermas, ainda no século XVIII, o público leitor detinha o poder de reflexão e argumentação para constituir esfera pública política atuante, pautada no diálogo e no pensamento crítico.

Com o surgimento do rádio, do cinema e da televisão, o processo reflexivo diante das formas culturais tende à ruína, instaurando atmosfera apocalíptica visto que "os programas que os novos mídias emitem, se comparados com comunicações impressas, cortam de um modo peculiar as reações do receptor, mas ao mesmo tempo tiram-lhe a distância da 'emancipação', ou seja, a chance de poder dizer e contradizer" (Habermas, 2003, p. 202).

Apesar da interação mediada conceituada por Thompson (1998) apresentar características que se diferenciam da comunicação face-a-face (com maior valorização da autonomia interpretativa), o entendimento de Habermas (2003) carrega vestígios da linhagem teórica da Escola de Frankfurt a respeito do processo de alienação que se instaurou com as tecnologias de radiodifusão a partir do advento do meio rádio.

Por esse entendimento, seriam reduzidas a capacidade das pessoas de decidirem por si mesmas e refletirem sobre os assuntos de interesse. No entanto Martín-Barbero (1997) refuta a concepção de passividade diante da midiatização e expõe processos sociais compreendidos como as "astúcias" do ser humano ordinário, de modo a reforçar a importância das mediações nos processos de envio, recepção e circulação de mensagens. Em outras palavras, o ser humano ordinário teria astúcias para driblar os mecanismos de imposição das estruturas capitalistas que se propõem a retirar a liberdade e os espaços de emancipação.

Ao partir dessa observação, o pesquisador espanhol expõe complexidades na relação cotidiana das pessoas com a mídia que não se resume apenas em aceitação, mas carrega outras nuances e construções simbólicas possíveis a depender dos fluxos negociais de sentido que se instauram com as mediações. Em outras palavras, a determinação do modo como a pessoa recebe determinada mensagem e direciona interesse para ela depende de questões estruturais e das mediações emergentes.

Assim, seria adjacente o formato de entrega da mensagem pela mídia – privilegia-se texto ou imagem audiovisual em relação ao processo reflexivo desencadeado pelo ser humano ao deparar-se com a prática comunicacional. Mas uma questão essencial instiga-me a apurar com lupa para obter olhar mais cuidadoso: os momentos (tempo) e espaços de acesso aos meios seriam fatores predominantes no processo cotidiano de interação social. Justamente os momentos que o marketing, a publicidade e os planejamentos de inserções de mídia buscam capturar.

Vejamos: quais instâncias negociais de mediações acionam os fluxos atencionais quando a pessoa lê o jornal em casa? E no trabalho? E na rua, com o jornal pendurado na própria banca de jornal?

Não há que se negar que o formato de entrega da mensagem (escrita, imagem, somente áudio ou audiovisual) traz uma série de questões sobre os usos técnico-artísticos para atrair interesse humano – a começar pela própria história de desenvolvimento do meio jornal, que lapidou seus processos gráficos e, na era digital, tem se posicionado como veículo produtor de conteúdo – independentemente da forma. Nada obstante, o trânsito da mídia nas diferentes instâncias da cotidianidade (família, trabalho e comunidade) de uma pessoa tem diversos aspectos a revelar.

Dessa forma, a mídia, assim como toda estrutura de mercado constituída para sustentar suas operações, impacta na configuração das esferas público e privada, nos processos de participação e de realizar política. No século XIX, a esfera privada resumia-se basicamente à família, que gradualmente também sofria mudanças estruturais.

Isso porque os tentáculos do modo de produção capitalista ganharam novos contornos conforme o processo de industrialização atingia outros mercados – inclusive o cultural. Com a invasão de formas simbólicas no núcleo familiar, a esfera pública também passou a se sobrepor nos lares enquanto o "raciocínio tende a se converter em consumo" (Habermas, 2003, p. 191), sobretudo sob a influência da mídia.

O acesso da mídia impressa aos lares dependia do explícito consentimento das pessoas – os conteúdos jornalísticos tinham restrições para acesso ao ambiente privado do cotidiano familiar, caso assim desejassem seus moradores. Já no ambiente externo, a mídia impressa circulava livremente, inclusive com as manchetes dos conteúdos jornalísticos sendo gritados pelas ruas[46] para atrair atenção dos transeuntes. Ainda assim, a esfera pública estava centrada majoritariamente nas conversações em cafés e praças, com focos nos debates políticos em contextos extrafamiliares (fora do círculo familiar).

Porém o ambiente intrafamiliar (o espaço doméstico) teve seus limites de esfera privada rompidos principalmente no final do século XVIII e no início do século XIX, sobretudo quando os meios eletrônicos surgiram transformando os lares numa espécie de "santuário da atenção", como costumo mencionar. Nesse contexto, após os anos 1930, a atenção passou a ser capturada em escala massiva (Wu, 2017).

O advento da Internet talvez seja o principal marco do século XX referente à amplificação do potencial da esfera pública reestruturada. A possibilidade de conexão por todos e para todos gerou expectativas de que as vozes dos oprimidos fossem ampliadas. Por essa vertente, teóricos como Castells (2013), Jenkins (2009), Lévy (2010) e Canclini (1997, 2001, 2008) creditaram ao ambiente digital a possibilidade de amplificar a participação e o envolvimento político dos indivíduos.

Porém os fatos foram se desenovelando à medida que investigações e reflexões críticas foram se desenvolvendo a respeito do uso de tecnologias digitais e poder emancipatório. A partir da segunda década do século XXI, a percepção cética da Internet enquanto esfera pública "democrática" adquiriu novas nuances, ampliando críticas à abordagem, ainda que reconhecendo as potencialidades desse ambiente digital enquanto território para mobilização de grupos e exercício do Direito Humano à Comunicação. Isso posto, é possível estimar as consequências geradas pela financeirização que assume novos precedentes para a modulagem da atenção.

---

[46] No Brasil, no século XIX, os escravos eram a principal mão de obra que saía correndo pelas ruas e gritando as manchetes dos jornais.

5.1 INTERATIVIDADE E PARTICIPAÇÃO SOCIAL NA ESFERA PÚBLICA

Perante a atuação das TVs Comunitárias na apropriação de espaços públicos e potencial uso de tecnologias para corroborar com engajamento da comunidade, gostaria de retomar ao tema sobre a perspectiva da interatividade e da tecnologia digital na TV na configuração de esfera pública comunicacional.

Pelo exposto, em concordância com Carolina Matos (2013), entendo a necessidade de sermos cautelosos para que a presunção paternalista e elitista não se sobreponha aos ideais da comunicação pública, interferindo autoritariamente nessa construção ao impor conteúdos e decisões perante a sociedade. A TV Comunitária pode promover momentos de diálogo, troca, participação e engajamento, possibilitando o entretenimento, a educação e a formação crítica ao se inserir na realidade da comunidade, evitando a imposição de padrões direcionados por ideais elitistas. Nessa conjuntura, a TV Comunitária pode apresentar-se como uma esfera pública de construção de debates, que mesmo sujeita às pressões políticas, econômicas e sociais seja capaz de dialogar e representar múltiplos públicos.

Matos (2013) atualiza o conceito de esfera pública proposto por Habermas, expondo que a esfera unificada racional não encontra lugar na atualidade visto que as vozes são diversas e influenciadas pela posição social, político, econômica e cultural dos indivíduos que as proclamam. Propõe, ainda, que o conceito de "público" seja entendido como fragmento de massas em constante movimentação conforme ocorrência de interesses. Estes últimos podem ou não representar todas as partes do todo – ou seja, do público geral. Então ela reforça que "interesse público" deve ser interpretado pela multiplicidade de espaços públicos e sua diversidade de interesses, sendo a mídia pública o espaço para atender essas demandas, pautando suas ações pelo coletivo.

Dessa forma, a autora alerta que os públicos competem e acomodam-se visando a participação e a contribuição das partes

133

em prol de um equilíbrio que contemple as diversas instâncias da "esfera pública pluralista", enquanto a esfera pública "burguesa" impõe a supremacia de alguns sobre as desigualdades de outros a fim de garantir um consenso supostamente legitimado pelo bem comum.

Com essa exposição, podemos considerar que o uso da Internet e de seus diferentes dispositivos viabiliza a materialização dessa "esfera pública pluralista", agregando e complementando a atuação da radiodifusão. No entanto, no contexto da gestão de um meio de comunicação como a TV Comunitária, qual seria o caminho para garantir voz aos mais diversos públicos e fortalecer a vontade coletiva? Como identificar e privilegiar o interesse público?

A multiplicidade de variáveis, que influenciam e podem provocar distorções no sistema de representação, deve ser contemplada. A partir da identificação desses possíveis fatores, ações devem ser previstas com intuito de neutralizar desvios e garantir a sua funcionalidade. Especificamente na constituição da Comunicação Pública Comunitária, que devido às características do mercado capitalista no qual inevitavelmente está inserida, evitar que os interesses privados se sobreponham ao coletivo é um dos principais desafios, uma vez que atua em simbiose com esse sistema que privilegia interesses econômicos e individuais.

Nesse cenário, é importante considerar tanto os benefícios quanto as imperfeições como consequências do ato de ampliar a responsabilidade para todos os agentes. Desse modo, mecanismos de controle, monitoramentos e debates devem ser exercidos pelos cidadãos, garantindo a prioridade da vontade coletiva como "objeto de construção e de permanente aperfeiçoamento, tanto ao nível do pensamento como das práticas sociais – isto é, ao nível das instituições e da organização das sociedades" (Esteves, 2004, p. 136).

Porém, como desenvolver essa noção e apresentá-la no cotidiano do cidadão para que possa agir ciente de seu papel social na construção da comunicação pública em prol da coletividade? A TV Comunitária, pela proximidade com o local e com a comunidade, estaria apta a gerar essa percepção, discutindo os caminhos para a comunicação pública local com a sociedade. Para Matos (2009, p. 53), tentativa válida pode seguir a lógica racional de Habermas:

> Seria preciso estipular critérios objetivos para definir o interesse e a utilidade das informações trocadas pelos agentes. Do contrário, o debate público corre o risco de privilegiar questões que representam o interesse de um ou mais públicos específicos, desvirtuando, na origem, qualquer utilidade que se queira pública.

No entanto não podemos anular a hipótese de que a escolha dos critérios também não represente o coletivo se for proveniente de agentes voltados para interesses próprios. Precisamos continuamente refletir sobre a atuação dos representantes, implantar mecanismos de fiscalização, assembleias e debates públicos. A TV Comunitária poderá assumir esse papel no local, desde que viabilize espaço aberto de discussões junto à sociedade, mesmo diante de toda problemática sistêmica na qual está inserida. Ainda assim devemos ponderar se, e como, é possível considerar o equilíbrio das decisões de ONGs, instituições mantenedoras, associações e sindicatos – entre outros, com os interesses públicos e as necessidades do cidadão.

Conforme Lima (2004, p. 19) sinaliza, "as representações que a mídia faz da 'realidade' passam a constituir a própria realidade". Assim, devemos ponderar sobre as realidades apresentadas pelas TVs Comunitárias, se são representativas da sociedade local e se estão fundamentadas no interesse público.

Com base no raciocínio do autor, devemos estar cientes sobre as gradações de proximidade e de afastamento da comunidade em relação aos temas debatidos e agendados pela mídia. Cabe às equipes que compõem a TV Comunitária e à sociedade questionar em qual nível de gradação esse veículo encontra-se, se mais próximo do central ou do periférico? A consciência desse cenário não deve ser perdida, uma vez que instituições sociais têm importância histórica no processo de socialização, incluindo o papel social da TV Comunitária (Lima, 2004, p. 19).

Desse modo, é imprescindível que as ações sejam pautadas pelo interesse comum e pela utilidade pública, buscando minimizar influências particulares. Com a consciência de que a subjetividade faz parte do trabalho narrativo e que o processo de produção de mensagens, independentemente do emissor, está carregado de posicionamento político, alternativa plausível seria a explicação objetiva do motivo pelo qual determinada mensagem está sendo veiculada.

Desse modo, a atuação da TV Comunitária deve buscar a transparência em seus atos e a representação da sociedade. Lima (2004) sinaliza que a TV atua como "maquinário de representação", produzindo intimidade distante com o telespectador – nesse caso, também podemos incluir a TV Comunitária como reprodutora de representações, embora com um significativo diferencial referente à potencial proximidade com a comunidade para garantia do interesse público.

Logo, devemos estar atentos à representação e à comunicação política desenvolvidas pela TV Comunitária, bem como seus efeitos sobre a rede e as percepções dos internautas, pois comunicação pública é "política pública para a democratização do saber" (Matos, 2004, p. 56). Conclui-se que o desenvolvimento e o aperfeiçoamento da TV Comunitária devem fundamentar o ideal de comunicação pública voltado para a pluralidade de espaços que garantam "a intervenção do cidadão no debate de questões de interesse público" (Matos, 2004, p. 47).

Sabemos que nem sempre o que é publicizado representa interesse público, uma vez que a diversidade de públicos com seus interesses individuais entrelaça-se com as ações dos atores sociais e suas perspectivas coletivas. No entanto o que diferencia as nuances de uma comunicação pública mais próxima do consenso, pautada pela garantia ética e pelo compromisso com a justiça, são as oportunidades de debate e reflexão. Não há uma única verdade, mas a mídia pública pode ser capaz de apresentar os diferentes ângulos e enquadramentos dos fatos, propiciando a construção de debates críticos.

Essa discussão envolve a liberdade e o comprometimento com a produção de conteúdos por qualquer cidadão ou organização representante de movimentos sociais. Logo, envolve o acesso aos meios de comunicação e o uso de tecnologias tanto pelo sujeito social, independentemente de sua atuação, como produtor e/ou espectador.

No que diz respeito ao uso das tecnologias digitais e acesso à Internet como "catalizador" de movimentos sociais e representação de espaço público democrático, Cabral (2011) adverte que a Internet contribui com lógica midiática, uma vez que é controlada por conglomerados de comunicação e grandes empresas de tecnologia. Assim, colaboração e envolvimento na produção de conteúdos são faces do aspecto mercadológico ao qual o meio está sujeito. Portanto, a Internet tanto reproduz discurso e ideologia da mídia tradicional como possibilita que a participação dos internautas seja configurada como moeda de troca para melhor posicionar determinado veículo no competitivo cenário midiático.

Como afirma Cabral (2011, p. 157), "os usos das audiências feitos por parte dos grupos midiáticos envolvem a própria sustentação de suas iniciativas através da experiência de envolvimento nos conteúdos que oferecem: os conteúdos gerados pelos usuários [...]". Então, o número de acessos aos sites, o volume de interações, os comentários e os compartilhamentos em relação a conteúdos (produzidos pelo veículo ou pelos internautas) formam uma massa de dados que consolidam a lógica mercadológica e o poder exercidos pelas corporações.

Diante dos objetivos que norteiam os conglomerados de comunicação na Internet, podemos evidenciar que o processo privilegia a reprodução do sistema comercial. Assim, há enfraquecimento de movimentos sociais pautados pelo direito à comunicação e pelo acesso democrático aos meios de comunicação como forma de expressar e reivindicar demandas do coletivo.

Em contrapartida, também podemos compreender que mobilizações podem ocorrer através da Internet para cooperação, compartilhamento e uso de conteúdos como mecanismos de reivindicação social visando ao bem comum. Nesse caso, esse espaço público e todas as demais esferas comunicacionais são utilizadas como suporte para disseminação de mensagens de resistência visando à transformação social.

Dessa forma, a dualidade da Internet deve ser objeto de debates e reflexões sobre seu potencial em disseminar demandas sociais como alternativa às formas verticais de comunicação. Apesar de sua intrínseca relação com a política econômica e a acumulação de riquezas dos grupos midiáticos que ampliam sua atuação por meio da diversificação de entrega de conteúdos por diferentes dispositivos e plataformas, a importância dessa mídia para a configuração da televisão do século XXI é inegável.

Nesse ponto, muito além dos enfoques que privilegiam o determinismo tecnológico, interessa-nos a inserção cotidiana das tecnologias digitais na sociedade de modo a reconfigurar processos sociais e culturais, podendo influenciar nas atividades de participação e interação das pessoas com as iniciativas comunitárias de TV. Sobre a evolução das tecnologias e a história da mídia, Thompson (1998) apresenta a influência desses processos nas trocas comunicacionais interpessoais e também entre indivíduos e corporações. Becker (2013) também aborda a multiplicidade de compreensões sobre conceitos como interatividade e envolvimento, assim como as mudanças proporcionadas no comportamento das pessoas. Dessa forma, a partir de ponto de vista tecnológico,

> [...] interatividade pode ser definida como o grau em que uma tecnologia da comunicação pode criar um ambiente mediado em que os participantes podem comunicar (um para um, um para muitos, muitos para muitos), ambos síncronos, assíncronos, e participar em trocas recíprocas de mensagens (dependência de terceira ordem). Considerando o uso humano, ela se refere adicionalmente

a sua habilidade de perceber experiências como uma simulação de comunicação interpessoal e melhorar sua percepção de telepresença (Kiousis, 2002, p. 3 *apud* Becker, 2013, p. 3).

Ainda com base no levantamento realizado por Becker (2013, p. 4), podemos creditar à interatividade conceituação mais abrangente que privilegie a percepção do usuário e sua experiência com a televisão interativa digital, a partir de trocas realizadas com outros indivíduos e do acesso a conteúdo sob demanda. Para isso, o autor conduz seus estudos com base na premissa de que a televisão sempre foi interativa como uma forma cultural. Assim como os fluxos comunicacionais e atravessamentos midiáticos cotidianos inserem-se na rotina das pessoas, também a realidade social fornece insumos para os conteúdos disseminados, formando um ciclo de interferência mútua.

Assim, a relação estabelecida entre telespectadores e conteúdos não deve ser interpretada como passiva, mesmo com a televisão analógica. Uma vez que ações ativas ocorrem antes, durante e depois do indivíduo dedicar sua atenção a determinado conteúdo, passando por atividades como avaliação, discussão e envio de mensagens, conclui-se que a interatividade na TV digital seria um aprimoramento tecnológico para ampliar as possibilidades de diálogo já existentes na televisão (Becker, 2013).

Destarte, podemos estender esse entendimento para a potencialização do uso da Internet e das redes sociodigitais on-line na estrutura das iniciativas comunitárias de TV. Os canais comunitários por si mesmos já podem garantir o envolvimento ou a interatividade da sociedade com seus conteúdos a partir do momento que eles sejam temas de discussões e atraiam a atenção dos sujeitos sociais.

No entanto os canais comunitários, assim como as demais emissoras de TV, somente devem ser considerados como "mídias interativas" se possibilitarem trocas interpessoais por meio dos seus diferentes canais de comunicação (Becker, 2013, p. 6). Por isso a importância dos recursos tecnológicos digitais e da Internet para gerar a proximidade e o diálogo com a sociedade de modo complementar. Nesse caso, ainda é necessário lembrar que as faixas comunitárias não contemplam recurso de alta definição e, portanto, isoladamente não poderão garantir as trocas interpessoais em tempo real.

Ao considerar que tecnologia amplifica os processos sociais e a abordagem comunicacional interpessoal, configurando a chamada "sociabilidade da TV ou TV social", Becker discorre sobre as quatro dimensões da interatividade a partir de estudos de Van Dijk (1999):

> A primeira das quatro dimensões é a dimensão espacial da interatividade, que se refere a comunicação ponto a ponto. A segunda dimensão refere-se à comunicação sincrônica, onde a interatividade é afetada por várias formas de comunicação não sincrônica devido ao tempo excessivo entre a ação, reação e reação à reação. A terceira é a dimensão temporal da interação, onde há possibilidade de troca entre emissor e receptor em qualquer momento ou lugar, tendo ambos igual controle e contribuição para a mensagem. Finalmente, a quarta dimensão, chamada dimensão de ação e controle, traz a possibilidade de contextualização e de entendimento partilhado. No entanto, essa dimensão por enquanto apenas pode ser encontrada na comunicação face a face (Becker, 2013, p. 6).

Com a apresentação dessas dimensões é possível compreender a contribuição das tecnologias digitais para os processos comunicacionais constituídos pela radiodifusão. A evolução tecnológica por si só não produz revolução democrática de acesso aos meios, embora proporcione novos embates para o "fazer TV", uma vez que amplifica a capacidade de diálogo, proporciona novas opções de inclusão do sujeito social, acelera as trocas de informações e catalisa o envolvimento com a sociedade.

Nesse sentido, para a interatividade na TV digital é inevitável mencionar as contribuições dos softwares *middleware*.[47] Becker (2013) menciona que apesar da evolução dessas aplicações interativas, a demanda não foi crescente como se imaginava. No contexto global, relata que os principais casos de uso dessa tecnologia restringem-se às TVs públicas e estatais. Entre as emissoras privadas há poucas iniciativas a respeito – com exceção do Brasil e Argentina, países em que o modelo continua em teste e em período de implantação.

No Brasil, com a finalização do processo de transição do analógico para o digital,[48] espera-se que ações voltadas para a interatividade sejam intensificadas. Contudo, diante do pouco ou nenhum avanço pelos municípios do país,[49] o assunto demonstra sinais de estagnação ou retrocesso.

Destinado para população com menor poder econômico, o projeto Brasil 4D[50] foi desenvolvido sobre a base do *middleware* chamado Ginga,[51] mas ainda é uma incógnita. A intenção inicial do governo com essa aplicação era que informações sobre serviços públicos, agendamentos de consultas na rede pública de saúde e outras funcionalidades fossem disponibilizadas por conteúdos audiovisuais e aplicativos pela televisão de forma gratuita.

Sobre os aplicativos, Becker (2013, p. 17) menciona que esses dispositivos elevam a capacidade de envolvimento com os conteúdos e embora possa ampliar a dispersão da atenção, "trazem possibilidade de interatividade plena na televisão: receber informações, enviar informações para a emissora, trocar informações

---

[47] Software intermediário que estabelece a comunicação ou mediação entre *software* e demais aplicações.
[48] O calendário sofreu várias alterações e o desligamento do sinal analógico ocorreu em dezembro de 2024.
[49] Embora as faixas destinadas para os canais comunitários não permitem interatividade (baixa resolução), a faixa municipal permitirá diante do uso da alta definição.
[50] Disponível em: http://www.ebc.com.br/brasil-4d/2014/02/o-que-e-o-projeto-brasil-4d. Acesso em: 20 out. 2016.
[51] Software desenvolvido por pesquisadores brasileiros para televisores e equipamentos utilizados na transmissão e na recepção de conteúdos interativos.

com amigos e, busca e troca de informações na web e na Internet". No entanto precisaremos acompanhar como e se ocorrerá a disponibilização de mecanismos interativos pela televisão digital para toda a população. Apesar da aplicação restrita às informações sobre serviços públicos, sua liberação para toda a população é icônico no que diz respeito à inclusão social.

Porém, reportagem publicada em setembro de 2016[52] na *Folha de São Paulo* mencionou que a indústria de eletrônicos e as operadoras de telefonia solicitaram ao atual governo brasileiro o fim da obrigatoriedade da instalação do Ginga nos televisores que saem de fábrica. Para isso, alegam que há aumento de custos na produção de televisores de menor tamanho, quando não ocorre uso efetivo pela população.

Na ocasião, o presidente da Eletros (associação que representa os fabricantes de aparelhos eletrônicos) afirmou: "O consumidor brasileiro paga por uma coisa que não usa" (Kiçula, 2016)[53] Lourival Kiçula ainda acrescenta: "Hoje a interatividade na TV acontece via Internet. A instalação do Ginga deveria ser opcional para as empresas" (Kiçula, 2016)[54]. Mas como já mencionado, a conexão lenta muitas vezes impossibilita a realização de atividades essenciais.

Essa notícia exemplifica o interesse particular e mercadológico sobrepondo ao interesse público. Ao invés de evoluir, desenvolver e aperfeiçoar processos que têm entraves para viabilizar acesso ao recurso de interatividade para todos, a lógica do mercado busca apoio do Estado para eliminar obrigações garantidas por lei.

Apresentei brevemente o contexto político e socioeconômico referente ao início da transmissão de TV digital no Brasil (em 2007) e à diversidade de questões que precisariam ser analisa-

---

[52] Disponível em: http://www1.folha.uol.com.br/mercado/2016/09/1811538-industria-pede-ao-governo-fim-de-software-brasileiro-em-tv-digital.shtml. Acesso em: 20 out. 2023.
[53] Disponível em: http://www1.folha.uol.com.br/mercado/2016/09/1811538-industria-pede-ao-governo-fim-de-software-brasileiro-em-tv-digital.shtml. Acesso em: 20 out. 2023.
[54] Disponível em: http://www1.folha.uol.com.br/mercado/2016/09/1811538-industria-pede-ao-governo-fim-de-software-brasileiro-em-tv-digital.shtml. Acesso em: 20 out. 2023.

das e debatidas, principalmente no que diz respeito às iniciativas comunitárias de TV e outros desdobramentos estão por vir e a inserção das iniciativas comunitária de TV no cotidiano deve ser objeto contínuo de reflexões.

De modo algum tive a intenção de esgotar o assunto que permanece em construção e debate entre Estado, instituições e sociedade, mas conjecturar possibilidades para as perspectivas de envolvimento da sociedade na construção da esfera pública midiática, sobretudo diante da iminência da TV 3.0[55] com suas camadas complexas de tecnologia e conteúdo:

> [...] a TV é um misto de tecnologia e programação (conteúdo). Por um lado, a tecnologia limita ou expande as possibilidades de conteúdo audiovisual; por outro, esse conteúdo gera demandas para novas tecnologias. Essa relação se caracteriza por uma construção social e cultural, variando de região para região, e principalmente, de país para país. A tecnologia é consequência dessa construção, assim como seu uso (Becker, 2013, p. 20).

Sob a perspectiva das TVs Comunitárias, vimos que inúmeros são os desafios impostos por questões políticas, sociais, culturais e de financiamento, que geram tanto a precarização dessas atividades de comunicação quanto a dificuldade de sua manutenção. Além do espectro radiodifusor, as tecnologias digitais trazem novas possibilidades de comunicação e interação, que podem ser aprimoradas para gerar maior proximidade do público com esses canais. No entanto é preciso compreender que a diversidade de níveis de interação possibilitadas pela relação da TV com o público (e vice-versa), assim como a complementariedade de dispositivos tecnológicos, representam oportunidades para dialogar com a sociedade e engajá-la na causa da Comunicação Pública Comunitária.

Portanto, pela apropriação desses espaços públicos de comunicação, uso de tecnologias e desenvolvimento de iniciativas que

---

[55] Cf. https://www.planalto.gov.br/ccivil_03/_ato2023-2026/2023/decreto/D11484.htm

possibilitem a interação com o público, talvez seja possível que movimentos sociais e a comunidade identifiquem-se e envolvam-se como agentes de transformação por meio da apropriação do espaço proporcionado pela TV Comunitária. Diante do processo histórico de participação popular, com avanços e enfraquecimentos, os canais comunitários representam, no local, o espaço de disputas geradas pelas questões que atravessam as experiências socioculturais da comunidade.

Nesse contexto relacional entre mídia e sociedade, em que tensões estão intrínsecas no cotidiano em virtude da influência de variáveis do macro e microambiente, não são poucos os desafios para a sobrevivência e o desenvolvimento pleno das TVs Comunitárias. A partir deste estudo ratifica-se o papel da TV Comunitária como espaço público para participação social e engajamento da comunidade, tendo em vista a inclusão e a cidadania, aspectos essenciais da democracia. Porém é preciso desmistificar receios e incentivar utopias (como padrão a ser perseguido) para condução de processos mais democráticos e igualitários. Esse é apenas um dos diversos caminhos a serem percorridos para promover a inclusão social, a participação popular e o envolvimento da sociedade na construção de esfera pública midiática.

5.2 MODULAGEM DA ATENÇÃO PELAS LÓGICAS MERCADOLÓGICAS

A partir da lógica financeira de rentabilização, a "mercadoria audiência" representa adaptação da teoria econômica marxista desenvolvida com base no transporte de mensagens e fluxos atencionais proporcionados pelos meios de comunicação e sua institucionalidade nas práticas sociais cotidianas. Tomando como base o modelo de negócio da televisão, Bolaño (2009, p. 225) resume:

> [...] é a atenção dos indivíduos que vai ser negociada no mercado pelo burocrata da estação ou da network. A atenção pode ser mensurada em tempo (de exposição dos indivíduos à programação e não

> o contrário), uma unidade de medida perfeitamente homogênea, bem ao gosto dos economistas neoclássicos, mas que deve ser sempre referida a uma quantidade (domicílios ou telespectadores) e a qualidades da audiência (variáveis socioeconômicas), o que indica que a audiência deve ter um valor de uso para o anunciante. Quanto à emissora, o que interessa, evidentemente, é o valor de troca da audiência.

Diante da possibilidade de captura massiva da atenção, Habermas (2003, p. 195) enfatiza que a comercialização de bens culturais alcança novas funções no lazer. Além disso, o público leitor potencial aumenta com a inserção da burguesia e surgem movimentos pautados nos ideais do Iluminismo para incentivar o acesso à cultura.

Crítico à cultura de massa, o filósofo e sociólogo alemão pondera que o contato com a cultura "exercita o espírito", porém a recepção da cultura de massas é mecânica, "sem consequências perceptíveis" de modo que "não deixa rastros" e "transmite uma espécie de experiência que não acumula, mas faz regredir" (p. 196-197).

Apesar de sua crítica ao papel da mídia enquanto Indústria Cultural e, consequentemente, recorrente associação à Escola de Frankfurt, foi o próprio Habermas (1997) quem discorreu sobre a importância de experiências a partir da ação comunicativa. Com base nessa concepção, o teórico evoca o potencial da participação social nos diálogos e processos deliberativos que ocorrem continuamente no cotidiano de todos, mas que muitas vezes são obliterados diante do arcabouço midiático que mobiliza opiniões em prol de seus interesses. Então a ação comunicativa é compreendida como

> [...] forma de interação social em que os planos de ação dos diversos atores ficam coordenados pelo intercâmbio de atos comunicativos, fazendo, para isso, uma utilização da linguagem (ou das correspondentes manifestações extraverbais) orientada ao entendimento (Habermas, 1997a, p. 418).

Em outras palavras, "a ação comunicativa ocorre a partir de relações interpessoais que buscam alcançar compreensão sobre o que motiva a interação entre os envolvidos, bem como sobre o entendimento que implica no desdobramento em futuras ações" (Cabral, 2017, p. 245).

Portanto, a observação crítica da mídia enquanto agente social de ingerências na dinâmica de direcionamento de atenção não deve ser dissociada da identificação dos rastros de atuação dos demais agentes e instituições, os quais compõem ecossistema de atitudes afirmativas (ou omissas) frente aos temas que são discorridos na esfera pública e demandam processos deliberativos.

Apesar da perspectiva protecionista de Habermas sobre o ideal de cultura, que culmina numa crítica à massificação do simbólico, o autor propõe olhar que transpõe o possível pessimismo frankfurtiano perante o avanço das estruturas midiáticas.

Com base na teoria da ação comunicativa enquanto resposta à crítica ao modelo forjado pela mídia (conforme teoria da Indústria Cultural), tais observações são pertinentes para vislumbrar o processo de transição no direcionamento da atenção humana inerente às fases da história da mídia. O pesquisador expõe como a formatação ou o "empacotamento" do simbólico na cultura de massa está sujeita às lógicas mercadológicas:

> Não por acaso a consciência outrora específica desses setores só se mantém agora ainda, no entanto, em certas reservas, pois as leis do mercado já penetraram na substância das obras, tornando-se imanentes a elas como leis estruturais. Não mais apenas a difusão e escolha, a apresentação e a embalagem das obras – mas a própria criação delas enquanto tais se orienta, nos setores amplos da cultura dos consumidores, conforme pontos de vista da estratégia de vendas do mercado. Sim, a cultura de massas recebe o seu duvidoso nome exatamente por conformar-se às necessidades de distração e diversão de grupos de consumidores [...] (Habermas, 2003, p. 195).

Tais estratégias mercadológicas são materialmente constituídas para subverter o fluxo atencional voluntário, de modo a reduzir (embora não necessariamente anular) o poder de decisão própria das pessoas em prol do fortalecimento de estímulos que induzam a atenção automatizada submetida às interferências externas. Por exemplo, ainda que você, leitor, desempenhe o máximo esforço de concentração para apagar um estímulo enquanto privilegia outro tema de interesse, se no seu campo de percepção há alguém gritando ou movimentando calorosamente os braços, camadas de sua consciência captarão esse estímulo.

Como um alfinete que espeta o dedo, o indivíduo tem o poder de decisão sobre afastar ou não a mão, porém a percepção da dor já deve ter atingido alguma camada de sua consciência a partir da materialização do alfinete que, de modo estratégico, como um anúncio publicitário, foi ali dimensionado. O estímulo externo constitui-se a partir de estruturas impostas, e muitas vezes incontroláveis, mas o direcionamento da atenção enquanto interação social permanece como campo de disputas que se delineiam na fase inicial da comunicação.

Assim, o receptor tem não somente poder de decisão como potencial de emancipação para estabelecer escolhas – iniciar diálogo ou afastar-se de mensagens. Esse entendimento parece-me essencial para o desdobramento de estudos sobre os processos participatórios das pessoas frente às iniciativas de comunicação popular, comunitária e independente.

Sendo assim, uma vez que os fluxos atencionais (de modo mais voluntário ou automático, a depender do estímulo) estão sujeitos aos contextos socioculturais e às estruturas político-econômicas, tendo a concordar com Thompson (1998, p. 44) que a "interpretação das formas simbólicas exige uma contribuição ativa do intérprete, que traz uma estrutura pessoal de apoio à mensagem" visto que "as maneiras de compreender os produtos da mídia variam de um indivíduo (ou grupo de indivíduos) para outro, e de contexto sócio-histórico para outro".

Já nas décadas de 1960 e 1970, Marshall McLuhan (1972; 1974) conceitua o que viria a ser chamada "aldeia global".[56] Apesar de enfatizar a potência tecnológica para conformar a dinâmica social, as observações do pesquisador canadense foram visionárias e, de certo modo, contribuíram para que outras correntes teóricas com viés mais crítico surgissem e revisitassem os conceitos inicialmente apresentados.

Foi o que ocorreu com as investigações de Crary (2012) que, em contraponto às discussões positivas sobre os usos tecnológicos e processos de globalização, propõe, com base nos Estudos Culturais, avaliação histórica sobre a dinâmica do olhar. Partindo da influência das interações sociais e da institucionalidade estabelecida para disputa de poder, Crary discorre sobre técnicas que modulam a atenção a partir do início do século XIX.

Ao rejeitar perspectiva pautada exclusivamente pelas transformações técnicas e mecânicas, o autor defende a importância da visão como sentido não diretamente influenciado pelo entendimento e, portanto, propício a fornecer, de certo modo, e resguardadas as interferências inevitáveis, uma "concepção verdadeira do mundo" (Crary, 2012, p. 61), apesar de reconhecer que as formas de conhecimento não estão restritas ao campo visual.

Contudo, sem pormenorizar pesquisas que discutem os fenômenos de percepção ou fisiologia por meio da separação sistemática dos sentidos, para o recorte deste livro considero os processos de interação social do ser humano em sua totalidade, ciente de que o "aparato fisiológico revela-se, por diversas vezes, imperfeito, inconsistente, sujeito à ilusão e, de maneira crucial, suscetível a procedimentos externos de manipulação e estimulação que possuem a capacidade essencial de produzir experiência para o sujeito" (Crary, 2012, p. 93).

---

[56] Conceito desenvolvido por Marshall McLuhan para expor a interferência das tecnologias nas práticas sociais cotidianas, enquanto elo interacional que proporciona a redução de espaços, de modo a tornar o mundo numa pequena aldeia, onde os indivíduos poderiam se comunicar com os demais e questões locais poderiam alcançar projeção global.

Ainda assim, também é possível identificar as motivações de Habermas (2003) ao denunciar os "malefícios" da cultura de massa, quando experimentos da segunda metade do século XIX buscavam ampliar a escala de consumo e fluxos de atenção ao "reduzir o observador a um estado supostamente rudimentar", ou seja, uma "condição para formar um observador capaz de consumir as enormes e novas quantidades de imagens visuais e de informação, que, de maneira crescente, circularam nesse mesmo período" (Crary, 2012, p. 97).

Dessa forma, com a ascensão e a penetração da indústria midiática nos mais diversos processos sociais, o conceito de "midiatização" (Hjarvard, 2015) emerge como resposta crítica às investigações sobre a influência e o impacto dos meios de comunicação, sendo resguardadas as devidas proporções ao potencial tecnológico. Essas referências são relevantes para contextualizarmos a problemática da captura da atenção diante do processo de midiatização e do deslocamento da comunidade do território local para o espaço digital.

Em suma, a partir do desenvolvimento da prensa, com a multiplicação de exemplares de livros, expansão da imprensa e do jornalismo comercial, e principalmente com o surgimento das mídias eletrônicas e tecnologias digitais, a demanda para acesso à atenção humana cresceu exponencialmente. Em contraposição, o fato de o público mediatizado ter ao seu dispor opções de esferas públicas proporcionadas pelos meios de comunicação não necessariamente indica que há de fato distribuição igualitária de poder ou exercício do seu poder enquanto participante (Habermas, 2003; Carpentier, 2016, 2019).

Ademais, como já observado, a acessibilidade aos recursos tecnológicos proporciona falsa expectativa de que os meios de comunicação democratizam os processos de circulação de mensagens. A competição pela atenção humana e consequente disseminação de mensagens pode nos conduzir ao raciocínio equivocado de que os debates em torno de temas de interesses comuns é também demonstração dos benefícios e caráter democrático dos meios.

No entanto a arena da atenção é apenas a ponta do iceberg estruturado nas dinâmicas política, econômica, tecnológica e cultural que permeiam os fluxos comunicacionais. Justamente por isso credito que o recorte investigativo baseado na problemática da atenção possa contribuir com olhar diferenciado a respeito das descontinuidades e rupturas que impactam no fortalecimento de iniciativas locais de comunicação participativa para a mudança social.

5.3 PARTICIPAÇÃO E INTERESSE EM PROL DE MOVIMENTOS PARA MUDANÇA SOCIAL

As inovações interferem nos estímulos e na possibilidade de atenção dedicada pelo público frente às mensagens disseminadas pelos meios de comunicação. Se a teoria clássica da Escola de Frankfurt expõe a fragilidade do público enquanto receptor passivo de avalanche de mensagens, outras correntes sinalizam a capacidade reflexiva dos indivíduos e tendem ao arriscado exercício de exaltação (Jenkins, 2009; Castells, 2013; Mcluhan, 1972) dos processos de interação frente às tecnologias.

Não obstante, os desequilíbrios de poder são disfarçados pelo invólucro democrático dos meios de comunicação e do potencial emancipatório das tecnologias digitais. A partir de tais contribuições, o processo social de disputa pela atenção tende a ser anulado quando estudiosos supervalorizam os mecanismos de controle e direcionamento de interesses, colocando os indivíduos em condição de passividade tal qual as teorias da Escola de Frankfurt.

Se o potencial tecnológico é inegável para escalar visibilidades, sua interferência deve ser compreendida e equacionada a partir do processo emancipatório das relações sociais que emergem no cotidiano, a partir de decisões individuais em dinâmica com os interesses coletivos.

Nesse percurso, considero como válido o processo de emancipação que valorize a liberdade individual para práticas de participação e envolvimento político no qual, a partir de fluxos de comunicação para mudança social, também considere um momento específico – a dinâmica inequívoca da decisão, onde atuam concomitantemente as camadas automáticas e voluntárias de direcionamento de interesse.

Diante do contraditório cenário de midiatização em que a expansão do capitalismo adquire novas formas com a plataformização e consequente "empacotamento" da audiência digital, as ações coletivas independentes e iniciativas locais de comunicação na Internet estabelecem-se em meio ao paradoxo dos processos participatórios.

Com a disseminação da Internet a partir de 1990, os estudos sobre interação ampliam as investigações sobre participação, sobretudo com a Web 2.0 no início do século XXI – concomitantemente aos processos de plataformização, datatificação e capitalismo de vigilância. É também com a Web 2.0 que aumenta o interesse pelas lógicas algorítmicas e manipulação de comportamentos dos internautas, quando ocorre deslocamento de investigações sobre os percursos da atenção.

A respeito da participação em prol de movimentos para mudança social, ao propor uma nova modelagem da escada da participação apresentada por Arnstein em 1969, Carpentier (2016) destaca que a etapa de decisão dessa escada possibilita o desencadeamento de um processo político.

Carpentier ainda expõe, baseado nas considerações de Mouffe (2000), que a decisão possibilita reflexão e tensões de disputas com "força e violência" – seria uma espécie de recorte em "fluxo contínuo" para Laclau (1996). Dessa forma, a etapa de decisão é o momento que pode desencadear suspensão temporal do fluxo, de modo a reconduzi-lo de outro modo.

Como o processo de decisão somente pode ocorrer a partir de preliminar direcionamento de interesse, ressalto ao leitor a importância da temática da atenção no processo participativo. Nesse caso, antes mesmo da decisão, torna-se possível conceber os fluxos atencionais enquanto processos sociais de exercício de poder e desequilíbrios.

Ainda a respeito do processo participativo, Carpentier (2016) aborda a predominância de duas principais abordagens – uma com vertente sociológica e outra política. Se por um lado a abordagem sociológica engloba os trâmites interacionais e as noções pragmáticas de exposições e de participação ritualística, sem descartar totalmente os usos de poder, é por meio da abordagem política que podem ser observados os desníveis de poder, as posições privilegiadas de atores sociais e as estruturas subjacentes a esses esquemas.

Diante da indefinição sobre métodos mais adequados para investigar a participação, a pesquisa sobre o encadeamento de atenção humana mediante o contexto social, político, econômico e cultural no qual atuam os meios de comunicação, parece um ponto de partida necessário para analisar o envolvimento das pessoas com iniciativas locais de comunicação e ações promovidas pelas iniciativas de comunicação popular, comunitária e independente. Tendo em vista os contínuos movimentos e as colisões de agentes sociais para pleitear pelo interesse individual e coletivo, essa discussão relaciona-se diretamente com os estudos sobre mídia e participação.

Carpentier (2016) parte do princípio de que a temática da participação é necessária para as discussões sobre equilíbrio e desequilíbrios de poderes, sendo, portanto, um processo de disputas. Já Miller et al. (2016) e Jenkis (2009) compreendem que o acesso e a interação são processos participatórios que viabilizam o empoderamento com base na compreensão dos estudos sobre consumo.

Logo, enquanto o campo de Estudos Culturais da Mídia e Antropologia da Mídia tendem a valorizar os processos interacionais, a abordagem pautada em preceitos políticos está mais voltada para compreender os impactos em possíveis mobilizações e discussões entre os indivíduos. Embora não desconsidere a importância do acesso e da democratização de usos das tecnologias, a dimensão participativa pelo viés político e crítico busca na totalidade e no processo estrutural respostas aprofundadas para o exercício da comunicação voltada para a mudança social.

Dessa forma, participação pela abordagem sociológica pode ser conceituada como "fazer parte de uma determinada realidade, o que resulta numa interação social concreta", enquanto a abordagem política define como "uma forma de partilhar poder" (Carpentier; Melo; Ribeiro, 2019, p. 20).

Conforme exposto por Carpentier (2016) a respeito de análises críticas dos processos participativos, de modo similar é necessário o aqui proposto avanço em estudos sobre os processos de direcionamento e captura da atenção por meio de abordagem política com viés crítico.

Embora em suas análises sobre a Escada da Participação, Carpentier (2016) defenda estudos que limitem a compreensão da participação, afastando a abordagem sociológica sobre a interação social mediada, neste livro busco expandir a percepção do leitor para desdobramentos investigativos sobre a tríade de microprocessos: acessibilidade, interação e participação.

Dessa forma, para a proposição do campo que denomino como Economia Política da Atenção, considero a referida tríade motivada por (1) compreensão de que a delimitação e o isolamento desses microprocessos pode gerar a omissão de fluxos atencionais relevantes no cotidiano; (2) entendimento de que acessibilidade e interação são etapas importantes para o processo democrático de acesso aos meios e às tecnologias, podendo atuar como fator decisivo para o envolvimento ou não dos indivíduos em determinada causa; (3) a atuação e o conceito de cada microprocesso deve ser interpretado em articulação com os demais, a partir das estruturas que viabilizam de modo preliminar o direcionamento da atenção.

Logo, a partir da Economia Política da Atenção, o direcionamento de interesse para ação pode ser enquadrado como consequência de arcabouços constituídos e, também, processo social condicionante e prévio para acessibilidade, interação e participação. Dito em outras palavras, o direcionamento de interesse depende de elementos do contexto.

Portanto, antes de acessar um computador, esse equipamento deve estar disponível e a pessoa deve ter conhecimento mínimo para sua operação, o que envolve questões estruturantes exemplificativas. Contudo, partindo da hipótese de que a pessoa (1) tem acesso a esse computador e (2) sabe como utilizá-lo para determinado fim, o despertamento da atenção emerge como mola mestre para que o acesso ao computador de fato ocorra.

Como exemplo adicional, o comportamento das pessoas para acessar informações por meio de um aparelho smartphone tem diferenças se comparado ao modo como é realizado o uso e a leitura de informações por meio de um computador desktop ou notebook. A possibilidade de navegar por meio de links, analisar notícias e comparar dados é naturalmente mais limitada, sobretudo para os menos letrados em tecnologias. Essa experiência com o dispositivo impacta nos diferentes níveis de direcionamento de atenção e, consequentemente, no potencial daquela pessoa de perceber se um texto tem detalhamentos e evidências substanciais para ser uma informação válida ou ser uma desinformação.

Do mesmo modo, o contexto indica as bases que impactarão os fluxos de atenção e, consequentemente, exercício da interação e da participação em diferentes níveis. Para avaliar a qualidade, as restrições e o potencial da interação, priorizada pela abordagem sociológica, e da participação, com ênfase na perspectiva política, reforço a necessidade de análise cuidadosa da atenção humana perante os processos de midiatização (Hjarvard, 2015) e mediação (Martín-Barbero, 1997).

Como parte do cotidiano de todos, a atenção, enquanto fase ou microprocesso social, é uma etapa ou "filete" processual inerente aos desníveis de poder, mas que ainda permanece longe das reflexões sobre temáticas complexas como comunicação para mudança social, envolvimento em movimentos sociais e defesa dos Direitos Humanos à Comunicação.

Se, por um lado, há reconhecimento sobre o potencial desses espaços para amplificar e disseminar a "voz" dos cidadãos por meio das participações com comentários, vídeos e fotos inseridos no meio dos telejornais – o então intitulado "jornalismo cidadão" –, por outro lado, pesquisadores mais criteriosos questionam os reais interesses que impulsionam esse movimento, de que modo essas participações contribuem efetivamente para o jornalismo e os critérios de seleção para definir qual espectador terá sua mensagem veiculada (Moretzsohn, 2002).

Ao longo do processo de midiatização, a participação dos indivíduos passou a ser vista como item essencial para o sucesso de programas de entretenimento e jornalísticos, de modo a alcançar popularidade e melhores resultados de audiência. Assim, é controverso o papel do espectador de participar com mensagens, votações e imagens em programas jornalísticos.

Nesse caso, se há filtragem entre as mensagens e essas pouco ou em nada impactam no processo de apuração e na construção das notícias, estamos diante de processos parciais de interação, na qual o indivíduo tem sua comunicação diretamente restringida e controlada pelos meios de comunicação. Ou seja, as "vozes" são suprimidas e utilizadas mediante os objetivos da indústria, "o que significa que as produções mediáticas entendem que os cidadãos podem servir os interesses do entretenimento em vez de promoverem debates com verdadeiro interesse público" (Carpentier; Melo; Ribeiro, 2019, p. 19).

No entanto a participação (com enfoque político) viabilizaria um processo complexo e crescente – pode começar com um simples diálogo, que ascende para discussões e mobilizações em prol de mudanças sociais e de maior equilíbrio nas relações entre os envolvidos. Porém o esvaziamento das discussões sobre a participação está relacionado ao modo como esse processo social vem sendo orquestrado por agentes sociais detentores de poder econômico, político e tecnológico. Assim, prevalecem as decisões e os objetivos de minorias privilegiadas.

De todo modo, também é válido destacar as ocorrências de mobilização por "participação negativa". De acordo com Carpentier, Melo e Ribeiro (2019), observa-se o aumento de trabalhos de pesquisa sobre o "lado oculto da participação" quando há questionamentos sobre a instrumentalização da participação e sobre eventual modelagem de opiniões coletivas em espaços públicos amplamente acessados com a disseminação da Internet.

Uma vez que "estes espaços de comentários envolvem uma grande fatia de atenção e mobilização do público" (Carpentier; Melo; Ribeiro, 2019, p. 19), também não é difícil questionar a atuação de parte dos internautas "que escrevem mais do que propriamente ouvem e leem, frustrando aquilo que seria eventualmente desejável num debate coletivo" (Carpentier; Melo; Ribeiro, 2019, p. 19). Nesse caso, além da superficial materialização do uso desses espaços e da perspectiva predominantemente tecnicista, é preciso observar que

> [...] de um ponto de vista bastante ideológico, a falta de confiança na capacidade dos cidadãos no envolvimento em práticas democráticas é apenas uma parte da mudança na crença num sistema de uma elite cada vez mais forte, um pensamento que calibra a relação entre o povo e as "suas elites" (Carpentier; Melo; Ribeiro, 2019, p. 19).

Apesar de o conceito ser carregado de formulações utópicas que ensejam deduções sobre as benfeitorias dos processos participativos, ainda que ocorra equilíbrio de forças, as consequências podem sofrer distorções. Carpentier, Melo e Ribeiro (2019, p. 24) afirmam que

> [...] mesmo que possamos atribuir à participação uma dimensão ética, à partida, isso não significa que os resultados dessa ação sejam naturalmente éticos. Ainda que grande parte da investigação e da teoria que rodeiam o conceito de participação

admitam essa possibilidade, os resultados dos processos participativos dependem, forçosamente, de autoestima pessoal, da confiança, dos conhecimentos, das aptidões, do status, do envolvimento social, dos níveis de felicidade ou de justiça, como sugeriu o trabalho de Huesca (2008).

Carpentier, Melo e Ribeiro (2019, p. 26) expõem ainda que a teoria da participação não foi capaz de "sustentar a importância sociopolítica da participação", portanto, aqui menciono a importância de recuar e verificar a relevância do impacto sociopolítico dos processos de direcionamento da atenção a partir da comunicação para a mudança social.

6

DISPUTAS PELA ATENÇÃO: DO GLOBAL AO LOCAL

> *Nosso papel não é falar ao povo sobre a nossa visão do mundo, ou tentar impô-la a ele, mas dialogar com ele sobre a sua e a nossa. Temos de estar convencidos de que a sua visão do mundo, que se manifesta nas várias formas de sua ação, reflete a sua situação no mundo, em que se constitui. A ação educativa e política não pode prescindir do conhecimento crítico dessa situação, sob pena de se fazer ´bancária´ ou de pregar no deserto.*
>
> (Paulo Freire)[57]

No capítulo anterior indiquei a necessidade de revisitar o conceito de Habermas (2003) sobre "esfera pública" para atualizar o debate sobre democracia participativa no cenário de ampla difusão do uso de tecnologias digitais. É importante aqui olhar para a Internet e as plataformas de redes sociodigitais com base na subalternidade, pelo referencial de "esfera pública oposicional" (Caballero, 2020).

Com esse esforço normativo é possível identificar questões aprofundadas sobre a atuação de iniciativas de comunicação popular, comunitária e independente nas plataformas de redes sociodigitais, uma vez que esses agentes sociais podem levar a outro patamar as recorrentes discussões sobre determinismo tecnológico que reduzem e simplificam as ações coletivas. Em outras palavras, considero que um possível caminho para a jornada de disputas na arena da atenção seja pensar mais sobre comunica-

---

[57] FREIRE, Paulo. **Pedagogia do oprimido**. 17. ed. Rio de Janeiro, Paz e Terra, 1987, p. 83.

ção e informação a partir das estruturas instituídas, com menor ênfase (mas sem desconsiderá-la, obviamente) no potencial da transmissão que seduz o cognitivo.

Por essa condução, as questões indicadas por Caballero (2020) com relação às percepções de atuação das ações coletivas no digital podem ser somadas às preocupações de Couldry (2019) a respeito da datatificação e do colonialismo de dados, que asseveram a expansão do capitalismo por meio de estruturas digitais que tendem a cercear a liberdade humana.

Ou seja, diante do aparato estrutural instituído pelas tecnologias digitais e do sistema de gestão das plataformas de redes sociais na Internet, é preciso estar atento aos processos com características de democracia participativa. Ou seja, é necessário identificar ações coletivas que busquem exercer contrapotência ou mecanismos de resistência ao cerceamento das relações sociais e à massiva apropriação de recursos como parte da "colonização da vida" por lógicas de datificação.

Sobre a disputa por atenção humana, Couldry (2010) e Citton (2017) partem de percursos teóricos distintos, mas destacam a necessária preocupação com a atenção coletiva e a influência da mídia em direcionar interesses que, em última instância, impactam na agenda pública, nas decisões coletivas e governamentais e nas experiências de participação. Logo, a "conexão pública mediada" (ou "conexão política mediada") investigada por Couldry (2010) ecoa na democracia intensamente mediada no cotidiano.

E justamente por isso, a democracia participativa sofre reflexos das potencialidades e das limitações estruturantes do ideal de "conexão pública" em que há partilha de experiências e temas de interesse prioritários no coletivo. No entanto, por outro lado, a interpretação de coletivo precisa ser contextualizada e sua representatividade ponderada.

Uma vez que a dinâmica de participação política perante as tecnologias e plataformas digitais sofre reveses no digital, é pertinente o ceticismo em relação às nascentes de "preocupação compartilhada" (Couldry, 2010), pois a noção de "coletivo" constitui-se a partir da lógica algorítmica, do controle sistemático por grupos econômicos e financeiros que ditam as regras das plataformas digitais.

Pela complexidade dos fatores sobrepostos e da característica de acelerada inovação que permeia os negócios de plataformas digitais, é essencial reconhecer o impacto e os limites dessas plataformas sobre a atenção coletiva mediada, assim como considerar processos nos quais são forjadas as ações coletivas na Internet.

Por isso compreendo que ainda que sujeitas às estruturas adjacentes da globalização e do neoliberalismo, as formações locais de comunicação e disputas por atenção para problemáticas periféricas comuns parecem ser o ponto-chave para oposição à lógica hegemônica dominante da plataformização e do colonialismo de dados em prol do estabelecimento efetivo de práticas de participação democrática.

Ao compreender a revolução tecnológica como parte do processo de desenvolvimento capitalista (Bolaño, 2000), torna-se inevitável cotejarmos microprocessos de disputas por atenção no cotidiano local.

6.1 DISPUTAS POR ATENÇÃO NO COTIDIANO LOCAL

O atual contexto midiático é desafiador tanto para profissionais de comunicação como para a sociedade. As pessoas passam a ter percepção de tempo e espaço reconfigurados enquanto amplia-se a disputa por atenção. A competitividade entre os veículos de comunicação é ainda mais acirrada. Surgem novas plataformas e interfaces, multiplicam-se as possibilidades de mobilidade e convergência.

Como podemos observar, os impactos das tecnologias digitais na relação entre sociedade, cultura e mídia são inegáveis. Dadas as possibilidades de conectividade e de mobilidade, o "tempo comprimido" e os múltiplos espaços dilatados são revelados.

Embora talvez mais rápido do que seja possível observar a partir de uma análise despretensiosa do avanço das tecnologias digitais, as colisões de forças socioculturais e econômicas parecem intensificar-se a cada década.

Assim, ao longo da evolução dos meios, os processos de interação com a mídia foram se tornando mais individualizados, ampliando gradativamente as vias para construção simbólica na esfera privada dos lares (Sodré, 2002; Habermas, 2003).

A partir da segunda metade do século XX, a mudança da esfera pública proporcionada pelas tecnologias revela-nos nuances sobre o (re)direcionamento da atenção e das configurações de processos sociais mediados que impactam nas mobilizações sociais e na atuação de iniciativas locais de comunicação e ações promovidas por iniciativas de comunicação popular, comunitária e independente. Sobre essa vertente, com abordagem a partir da cultura, Barbero (1997) reflete sobre o cotidiano, a organização das cidades e a percepção, possibilitando que os meios sejam compreendidos enquanto espaço de mediações culturais e políticas.

Para além do mediacentrismo, ao lançar luz sobre os aspectos intrínsecos às mediações, Barbero (1997) propõe uma reflexão crítica sobre os nexos dos meios na sociedade, por meio de abordagem sociocultural que se desprende das teorias clássicas, numa releitura sobre a hegemonia e as disputas de poder. Essa perspectiva barberiana possibilita a revelação de diferentes facetas que permeiam as iniciativas locais de comunicação enquanto conduz a entendimentos que ultrapassam a dicotomia dominação e resistência.

Se até então os aspectos técnicos e o uso de suportes para produção de vídeos estavam majoritariamente concentrados na mídia televisiva, no século XXI as facilidades na edição, a captura e a distribuição de imagens desafiam a ordem imposta no passado. A consequente diversificação de agentes envolvidos na produção de conteúdos audiovisuais disseminados pela Internet traz uma série de questões teórico-práticas sobre as disputas e os consensos estabelecidos, assim como sobre a legitimidade de iniciativas populares que se apropriam dos mecanismos hegemônicos.

De fato, é preciso ser cauteloso ao estimar que estamos diante do apogeu da democracia participativa e que o direcionamento de atenção aos diversos agentes passa a ser igualitário, diante das possibilidades trazidas pela Internet e pelas tecnologias digitais. A partir das relações cotidianas tecidas nas contradições e nas disputas, o cenário midiático pode ser compreendido como espaço dinâmico a ser desbravado pelas iniciativas locais de comunicação, sobretudo com expansão da acessibilidade e ampliação do número de dispositivos móveis.

Assim, a competição por gerar interesse e proporcionar reações nos agentes sociais frente aos conteúdos distribuídos nos diferentes canais e plataformas de comunicação adquire novas nuances com o fortalecimento das tecnologias digitais. Em grande parte, essa corrida pelo interesse do público está relacionada ao modo como se constituiu a Internet em praças de mercado.

Sob gestão de proprietários das plataformas, essas praças do mercado digital organizam-se por meio de espaços de trocas de informação e interação entre sujeitos sociais, que "podem ser compradores e vendedores, anunciantes publicitários, desenvolvedores de softwares, membros de redes sociodigitais etc." (Dantas, 2017, p. 3).

Em paralelo, a visão otimista sobre o uso da tecnologia tem como principal fator a "redução" de distâncias espaciais e temporais proporcionadas pela midiatização. Ao participar dessa vivência e frequentar esse novo "espaço público", as pessoas são levadas a simplificar a equação a respeito da disponibilidade de informação para todos, por todos e de modo praticamente simultâneo em diferentes localidades. Mas há desníveis a serem considerados sobre esse contexto eufórico:

> Pensar a indústria cultural, a cultura de massa, a partir da hegemonia, implica uma **dupla ruptura: com o positivismo tecnologicista, que reduz a**

comunicação a um problema de meios, e com o etnocentrismo culturalista, que assimila a cultura de massa ao problema da degradação da cultura. Essa dupla ruptura ressitua os problemas no espaço das relações entre práticas culturais e movimentos sociais, isto é, no espaço histórico dos deslocamentos da legitimidade social que conduzem da imposição da submissão à busca do consenso (Barbero, 1997, p. 125, grifo meu).

O processo de midiatização revela novos tensionamentos no cotidiano local, em que sujeitos sociais buscam visibilidade e espaço para suas vozes na Internet, enquanto, paradoxalmente, tecnologias digitais revelam a orquestração dos poderes político e econômico da indústria midiática. Apesar desse impasse, vozes inviabilizadas saem do silêncio com base na esfera pública oposicional.

6.2 COMUNICAÇÃO COMUNITÁRIA E ESFERA PÚBLICA OPOSICIONAL

Ao ampliar a perspectiva, compreendemos que o paradigma da atenção faz parte da relação dialética entre mídia e cotidiano, mediante a relação dinâmica entre localidade e globalidade. Portanto o estudo interdisciplinar desse fenômeno a partir da comunidade local não deve ficar restrito à conjuntura de crescimento exponencial das plataformas digitais. Uma vez que construções narrativas cotidianas com quaisquer elementos fazem parte de nosso repertório atencional, os meios de comunicação e as respectivas tecnologias atuam enquanto organizadores perceptivos visto que delimitam, filtram e editam as mensagens que chegam até nós.

Logo, o cenário midiático com expansão da acessibilidade e ampliação do número de dispositivos nos ambientes digitais deve ser compreendido a partir das relações cotidianas tecidas nas contradições, nas disputas inerentes às relações constituídas entre comunicação e política. A competição por gerar interesse e proporcionar reações nos agentes sociais frente aos conteúdos distribuídos nos diferentes canais e plataformas de comunicação adquire novas nuances com o fortalecimento das tecnologias digitais.

Apesar de criticar o alarde tecnicista, Gitlin (2003) desenvolve seu pensamento enfatizando o impacto das relações midiáticas e das tecnologias nas relações sociais cotidianas. Assim, destaca a atuação central da mídia na configuração do imaginário social e dos hábitos, em detrimento da emancipação dos indivíduos e da construção de pensamento crítico.

Mas com base em uma perspectiva multidimensional e estruturalista, Habermas (2003) expõe a atuação da mídia na (re)estruturação da esfera pública e, consequentemente, na dinâmica de direcionamento de interesses, de opiniões e da liberdade de expressão. Para esse autor, a partir de atividades em grupo, os indivíduos detêm o poder não somente de direcionar interesses (e aqui amplio para o entendimento da dinâmica da atenção) da sociedade, mas também de expandir a participação política.

Apesar de evitar desdobramentos sobre as disputas sociais inerentes, Habermas endossa a atuação comercial dos meios de comunicação, que vendem notícias e mobilizam opinião pública conforme processo sócio-histórico, político e econômico de desenvolvimento do setor. Ou seja, publicam e vendem notícias para a sociedade, que por sua vez devolve fragmentos de sua atenção aos veículos de comunicação. Estes, por outro lado, comercializam essa atenção em forma de audiência para os anunciantes, por meio dos espaços destinados à publicidade de produtos, marcas e serviços. Para Bolaño (2000, p. 230, grifo meu), a audiência tem característica peculiar que merece ser investigada:

> [...] a **mercadoria audiência** é muito especial em relação às outras mercadorias, já que o processo de sua criação não pode ser concebido como a ação de um sujeito sobre um objeto simplesmente. Ela é especial mesmo em relação a mercadorias imateriais, como a informação, por exemplo. Num sentido, ela deve ser comparada antes com a força

de trabalho: uma força, um poder, uma energia que existe nos sujeitos (ou, neste caso, na relação entre o sujeito e o produtor cultural) e que pode ser apropriada pelo capital sob determinadas condições sociais e técnicas.

Assim, para os objetivos propostos neste estudo, compreendemos o conceito de audiência como grupos de indivíduos que potencialmente direcionam seu tempo e seu interesse para determinado objeto ou evento. Logo, a audiência é uma "mercadoria-índice" que materializa os fluxos de direcionamento de atenção de indivíduos para determinado conteúdo. Em particular, no entanto, os processos sociais que englobam a "atenção" têm propiciado novos debates em torno desse fenômeno, sobretudo em virtude do avanço das novas tecnologias digitais e dos negócios de redes sociais na Internet.

A partir dos apontamentos de Habermas, Bolaño (2000, p. 87) também alerta que os conteúdos veiculados pelos meios de comunicação de massa não somente influenciam o consumo como são produzidos a partir de modelos ideológicos voltados para esse fim. Por essa vertente, a crítica ideológica demanda deslocamento da "teoria da coisificação" para dedicar-se às explicações sobre o "empobrecimento cultural" e a "fragmentação da consciência coletiva" (Bolaño, 2000, p. 89). Como cultura e economia são itens indissociáveis do capitalismo atual, são continuamente minimizadas as diferenças entre produção de mercadorias e produção artística:

> Na moldura de midiatização da vida social, caracterizada por mediações e interações baseadas em dispositivos teleinformacionais, os ramos culturais estão imersos na lógica do lucro que preside a **expansão da forma--mercadoria a todos os campos da vida social.** Não raro, as imagens e as obras de arte transcendem as intenções originais de seus criadores para integrar um circuito de produção e comercialização transnacional que engloba

mercados, museus, festivais, bienais, feiras e eventos midiáticos. A integridade dos valores simbólicos é afetada pela imposição do valor de troca, em muitos casos esvaziando os produtos culturais de suas qualidades artísticas. Integrada, como as demais áreas produtivas, ao consumismo, a esfera cultural vem se tornando componente essencial na lubrificação do sistema econômico (Moraes, 2009, p. 68, grifo meu).

Tendo em vista o modo como a sociedade do consumo e o conceito de audiência são estruturados na esfera cultural, Bolaño (2000, p. 143) relembra que Smythe conduz a compreensão de que a mercadoria da mídia são as próprias pessoas, que por sua vez também prestam serviços ao anunciante.

Com esta percepção, Smythe "simplifica" a problemática e busca materializar a mercadoria dos meios – no caso, o próprio público que utiliza determinado meio de comunicação –, ou seja, a pessoa que é exposta a conteúdos midiáticos e pode ser entendida como espectador (aquele que dirige sua atenção a algo). No entanto, para refutar essa lógica, Bolaño (2000) desenvolve abordagem sobre trabalho cultural e duas mercadorias: o conteúdo cultural em si e a audiência.[58]

Dada a centralidade do conceito de audiência na lógica mercadológica midiática, é possível observar o deslocamento do público de seu papel de cliente (conceituação moderna advinda das Teorias do Marketing) diante da relevância de sua atuação enquanto espectador e participante nos processos de comunicação midiática. Essa ênfase tem adquirido contornos ainda mais intensos com a disseminação do uso de tecnologias digitais, difusão do acesso à Internet, crescimento da mobilidade com o uso dos smartphones e ampliação da convergência.

---

[58] Em virtude dos objetivos propostos para esta pesquisa, optei por não discorrer detalhes sobre estudos relacionados ao campo do trabalho cultural e respectivas mercadorias. Para saber mais sobre trabalho cultural, ver: BOLAÑO, César. **Indústria cultural**: informação e capitalismo. São Paulo: Hucitec; Polis, 2000.

Partindo da perspectiva mercadológica sobre o consumo dos meios, em Mercadores da atenção, Tim Wu (2016) delineia narrativas de interesses pessoais, políticos e econômicos que compuseram fatos históricos sobre o crescimento imponente de alguns dos principais veículos de comunicação (de origem norte-americana, mas também com atuação transnacional) como canais de venda de atenção e mobilização de massas. Por outra vertente, Yves Citton (2017) propõe abordagem diferenciada para a temática da atenção, conduzindo proposta de uma "Ecologia da Atenção" de modo a gerar pensamento crítico, assim como consciências individual e coletiva em relação aos fluxos atencionais.

Embora ambos os autores partam de abordagens distintas, tanto Wu quanto Citton denunciam o crescimento exponencial da "Economia da Atenção" e buscam discutir soluções para proteger a consciência e a saúde mental dos indivíduos no século XXI. Porém, ao evidenciarem o papel preponderante da mídia e seu arcabouço tecnológico, partem da perspectiva de dominante para dominados, enquanto obliteram as astúcias do ser humano ordinário (Martín-Barbero, 1987), que também pode direcionar sua atenção para movimentos sociais em prol de mudanças locais.

Destarte, pela complexidade e pela pluralidade de contextos, algumas questões ressoam: como os fluxos de atenção e direcionamento de interesse aos eventos que ocorrem ao nosso redor podem influenciar nos processos cotidianos de participação? Quais são os atores envolvidos nesse processo e como os fatores estruturantes viabilizam a cristalização dessa forma de obter conhecimento?

Ou, ainda, a partir da atuação dos meios de comunicação, qual estrutura midiática é dada para que os conteúdos publicados sejam de fácil assimilação ou "absorção", reduzindo as possibilidades de reflexão, percepção dos detalhes ou conhecimento aprofundado? De que modo a circularidade, a distribuição e a disposição dos elementos fazem prevalecer a percepção prioritária da lógica mercadológica e pasteurizada, em detrimento de um olhar apurado para a potência dos detalhes locais?

Essas indagações deslocam o campo de discussão do nível perceptivo e das representações constituídas com base na produção de sentidos, evidenciando as influências das estruturas socioeconômicas, políticas e culturais constituintes dos mecanismos de direcionamento de atenção para o local, mais especificamente para os processos e as iniciativas locais de comunicação.

Nesse caso, compreendo como necessário desvendar as "teias de interdependência e correlação de poder" que permeiam a estrutura comunitária e os negócios proporcionados pela globalização (Paiva, 2003, p. 29), mas, para os propósitos aqui definidos, partindo da influência dos mecanismos de direcionamento e captura de atenção nos processos desenvolvidos por iniciativas de comunicação popular, comunitária e independente.

6.3 PODER POLÍTICO E ECONÔMICO NA DISPUTA PELA ATENÇÃO NA INTERNET

O entendimento sobre o modo como se estruturam os modelos de negócio na Internet a partir da publicidade e da geração de interações dos indivíduos perante os conteúdos ali disseminados está relacionado ao uso das plataformas digitais de comunicação como instrumento de poder político e poder econômico, parte do processo histórico:

> O modelo de capitalismo industrial (monopolista) que se desenvolveu ao longo do século XX, sobretudo no pós-guerra, proporcionou a estrutura necessária para que a informação, o conhecimento e a cultura fossem produzidos, utilizados e organizados da forma que conhecemos hoje, como instrumentos de poder político e econômico de tipo particular. A internet é fruto também desse processo histórico, constituindo-se em espaço de convergência para toda a produção cultural industrializada, para o comércio em geral e também para os indivíduos e grupos sociais, como grande plataforma de comunicação (Bolaño; Vieira, 2014, p. 75).

Esse processo histórico-social está relacionado ao uso dos meios de comunicação para a "formação de consciências e modos de pensar" (Moraes, 2016, p. 62). Em última instância, modos de pensar que são consequência de ações comunicativas que despertam interesse nos indivíduos. Ao referenciar os pensamentos de Gramsci, Moraes (2016, p. 62) compreende a imprensa como "campos de disputas de sentidos e contrassentidos que atravessam a sociedade civil", porém acredito que seja possível conjecturar a atualização desse entendimento e ampliar essa compreensão para as diferentes plataformas de comunicação, incluindo (mas não somente) as mensagens jornalísticas distribuídas na Internet.

Destarte, torna-se pertinente refletir sobre os campos de disputas que se constituem nos modos de pensar e na geração de interesse na consciência dos sujeitos sociais, visto que a produção da mercadoria audiência, baseada no deslocamento de atenção e tempo dos indivíduos, é "um produto intermediário comercializado num mercado intracapitalista, essencial na organização de um fator chave para a reprodução do capital monopolista, como é a publicidade" (Bolaño; Vieira, 2014, p. 75).

Ou seja, a partir do procedimento de privatização, a Internet teve como principal vertente mantenedora a lógica publicitária pautada pela captura da atenção e do interesse da audiência:

> Tal como ocorre no mercado de TV, onde o conteúdo é ofertado sem custos ao espectador, na internet, vários serviços (e-mail, notícias, comunicação, clima, informação, jogos, vários tipos de software etc.) são ofertados sem custo para o usuário a fim de atrair e manter a sua atenção. Assim como na TV, "os compradores de audiência são justamente os vendedores de bens e serviços, as autoridades, os políticos, em uma palavra, todos aqueles que necessitam comunicar-se com o público (Bolaño; Vieira, 2000, p. 115-116).

Dessa forma, tal como ocorreu com o desenvolvimento do jornal impresso, depois o rádio e, na sequência, a televisão, a publicidade estabelece-se como um dos principais mecanismos de financiamento dos meios de comunicação. A Internet molda-se à conveniência de alguns grupos enquanto dissemina perspectivas hegemônicas condizentes com as diretrizes basilares da globalização econômica.

Como as plataformas on-line de comunicação permanecem sob gestão de grupos internacionais e os mecanismos de visibilidade das mensagens publicadas são conduzidos por práticas de mercado, é uma falácia apostar no determinismo tecnológico para evidenciar o equilíbrio das relações.

Essa concentração é tão evidente que, em síntese, podemos expor que a Internet reproduz negócios capitaneados por quatro grandes grupos, quais sejam Google, Amazon, Facebook (Meta) e Apple. A sigla GAFA,[59] com as iniciais dessas empresas, é utilizada para denominar os "gigantes da tecnologia". Torna-se, então, evidente que esse "mercado" é atrativo, sobretudo para plataformas produtoras de audiência, "voltadas para conectar anunciantes com públicos potencialmente compradores" (Dantas, 2017, p. 4).

Para a audiência, esses grupos produzem consenso nos modos de pensar. Seja por meio dos conteúdos jornalísticos ou de outras categorias de conteúdos produzidos pela mídia hegemônica privada, seja pela organização algorítmica das plataformas. Dessa forma, dados pessoais, interesses e os diferentes níveis de interações dos sujeitos sociais constituem o empacotamento da mercadoria audiência na Internet:

> Assim, a mercadoria audiência pode ser bastante segmentada, como esperam os anunciantes. A empresa se apropria das informações pessoais fornecidas pelos próprios usuários tornando assim o trabalho intelectual de seus empregados mais eficiente no que se refere à elaboração de estatísticas, interfaces, algoritmos e outras ferramentas utilizadas na produção da mercadoria audiência.

---

[59] Fonte: La Opinion. Disponível em: https://laopinion.com/2017/08/16/la-caida-de-snapchat-la-guerra-de-internet-ya-termino-y-facebook-es-la-gran-vencedora/. Acesso em: 20 fev. 2020.

> Já no segundo caso da TV, a audiência é passiva. Os anunciantes compram estatísticas sobre a atenção de um público cuja segmentação pode ser feita dentro de limites que os internet pure players conseguem superar amplamente, coletando informações fornecidas espontaneamente pelos usuários, como seus gostos pessoais, preferências e desejos e monitorando seus rastros de navegação. É nesse sentido que se pode falar em uma audiência ativa (Bolaño; Vieira, 2014, p. 78).

Portanto as praças de mercado apontadas por Dantas (2017) funcionam como pontes de conexão a ser estabelecida entre anunciantes e públicos por meio de conteúdos publicados nessas plataformas e sites de redes sociais. Por sua vez, a premissa é que os conteúdos despertem interesse dos usuários, garantindo volume de acessos e reações que potencializam a probabilidade de atrair atenção de outros usuários, de modo a amplificar a distribuição dessas comunicações e a alterar a percepção do público mediada por tecnologias digitais e lógicas algorítmicas.

Nas plataformas e sites de redes sociodigitais, as pessoas conectam-se, interagem umas com as outras e produzem conteúdos sem necessariamente perceberem o ambiente como propício para o comércio de bens e serviços. Por outro lado, grupo específico de agentes vislumbram esses espaços como oportunidade para gerarem visibilidade própria ou para projetar marcas e negócios.

Dessa forma, configuram-se, no século XXI, grupos ou blocos de comunicação com atuações política e econômica em escala mundial, mas também forte influência no cenário local. Como placas tectônicas, a movimentação da indústria midiática e tecnológica é contínua e intensifica-se, enquanto são sucessivas as tentativas de obliterar a representação da sociedade civil em debates e temas que sejam do interesse comum.

Assim como a Internet reconfigura-se em consonância com o escopo da globalização econômica, as regras para distribuir conteúdo acomodam-se às demandas de grupos hegemônicos que perpetuam o direcionamento ou a tentativa de direcionarem a atenção dos públicos para mensagens que privilegiam o "senso comum" em detrimento das causas advindas de grupos comunitários locais ou de minorias.

Porém essa não é uma realidade nova que se apresenta com a Internet. Com base no levantamento histórico de legislações e de instrumentos regulatórios é possível compreender como são emblemáticas as disputas cotidianas pela detenção do poder e da liberdade de se comunicar (Cabral, 2015). Desde a plataforma[60] TV até a Internet, a produção de conteúdos e vídeos por múltiplos agentes envolve problemáticas que, embora reconfiguradas a cada cenário, perpetuam questões estruturantes que dificultam a garantia e o reconhecimento da comunicação como Direito Humano.

Enquanto entidades internacionais discutem o crescimento exponencial da Internet, os futuros rumos do setor e as novas modalidades de negócios das plataformas on-line, empresas midiáticas (estabelecidas há anos por meio da tecnologia analógica) buscam atuar de forma complementar na Internet, de modo a se adaptarem às novas relações e, de certa forma, manterem as estruturas sociais tradicionalmente constituídas pela produção e pelo consumo.

Desse modo, perpetuam-se indagações essenciais relacionadas à regulação pelo Estado e à concentração dos meios pelo mercado, sob controle de pequenos grupos privilegiados, temática que impacta diretamente na discussão da democratização dos meios, do Direito à Comunicação, dos processos de produção e consumo e, consequentemente, da participação e do envolvimento da sociedade nesse contexto. Em última instância, estamos diante de palco de disputas pela consolidação de vozes que possam despertar o interesse das pessoas.

---

[60] Para facilitar a comparação com as plataformas digitais, optei pelo conceito de "plataforma" para também descrever a infraestrutura tecnológica de meios de comunicação, como rádio e TV. Com a produção de conteúdos multimídia, empresas de comunicação adotam recorrentemente a abordagem de TV, rádio e Internet como plataformas. Nesse caso, enfatiza-se os aspectos tecnológicos dos meios de comunicação em detrimento de outras reflexões sobre as quais não irei me ater para este livro.

6.4 HEGEMONIA E "SENSO COMUM" POTENCIALIZADO POR TECNOLOGIAS DIGITAIS

Ao reconhecer o lugar da tecnologia no desenvolvimento da indústria midiática, é essencial considerar o viver do homem e a interdisciplinaridade de suas realizações na sociedade, recorrendo à dialética para compreensão dos impactos das tecnologias digitais no seu cotidiano.

A visão otimista sobre o uso da tecnologia tem como principal fator a redução de distâncias espaciais e temporais, construindo "espaço público" ao permitir que informações estejam acessíveis a todos de modo praticamente simultâneo em diferentes localidades. Se por um lado a tecnologia é reverenciada como recurso endossador da democracia participativa, evidenciando positivismo embasado em argumentos míopes e utópicos, por outro não se pode negar o seu suporte em mobilizações dos agentes sociais e na diversificação de vozes a serem constituídas com a distribuição de conteúdo.

Logo, é possível reconhecer a influência da técnica e da tecnologia, mas sem sobrepor às demais variáveis para compor discussões sobre o panorama midiático. Portanto, no contexto mediado em que vivemos e diante das múltiplas relações cotidianas nas quais estamos inseridos, é essencial considerar as duas faces das tecnologias digitais, bem como seus impactos:

> Se, por um lado, os avanços tecnológicos criaram novas possibilidades para o livre fluxo de informações, o uso de redes sociais e o ativismo global, por outro lado, há também o potencial que as empresas e governos exercem de ampliar seu controle sobre os meios de comunicação, restringir o fluxo de comunicação e apropriar-se dessas novas ferramentas para o seu próprio lucro e controle, à custa da livre expressão e da democracia (Kellner; Share, 2008, p. 688).

A partir dessa compreensão sobre os níveis de influência das tecnologias digitais para a democracia participativa, é possível evitar polarizações e respostas simplistas para o desenvolvimento de políticas públicas que compreendam a totalidade concreta das relações. Nesse ponto, parece pertinente a menção de Grohmann (2019, p. 105) sobre o conceito que Jansson (2017) chama de "dialética da midiatização" para evidenciar as desigualdades e os apagamentos propiciados pelos processos de midiatização.

Embora a suposta celebração em prol da diversidade de vozes possa ser suplantada pela valorização do capital e seus mecanismos de reprodução de poder, há fluxos de comunicação a serem estabelecidos para gerar compreensões e perspectivas diferenciadas. Ou seja, fissuras comunicacionais a serem evidenciadas para despertar o interesse dos sujeitos sociais em prol de lógicas que desafiem o "senso comum":

> Isso significa reconhecer as contradições e desigualdades nos processos de midiatização: por um lado, há lógicas midiáticas dominantes relacionadas tanto à financeirização quanto à circulação do capital, contribuindo para sua própria aceleração; por outro, há outras lógicas de classe, gênero, raça, entre outras, fazendo circular outros sentidos, o que Jansson (2017) chama de contramidiatização e lutas por autonomia e o que denominamos aqui de "lutas por circulação". Assim, trata-se de inserir a midiatização e o bios midiático a partir de uma perspectiva não homogênea e de intersecção entre circulação de sentidos e circulação do capital, como um processo atuante e estruturante nas duas esferas (Grohmann, 2019, p. 105).

Indo além, é necessário reconhecer a tecnologia como facilitador e relevante dispositivo que permite a atuação e a expressão das pessoas atingirem novos espaços e territórios. No entanto, como exposto, seu benefício como organizador perceptivo não deve ser superestimado, mas também compreendido, como mecanismo de disputas na arena das relações sociais, políticas e econômicas.

É uma armadilha a negação ou a omissão da sinergia dos fatos que compõem a complexidade do cenário midiático e das plataformas digitais.

Com base nessa percepção, a revolução tecnológica[61] deve ser compreendida como parte do processo de desenvolvimento capitalista (Bolaño, 2000). A não percepção ou a omissão desse fato dificulta tanto o pleno entendimento sobre as disputas simbólicas quanto a identificação de instituições que visam à apropriação da tecnicidade, negando, portanto, opções que viabilizem a diversidade de vozes no contexto cotidiano de produção e distribuição de conteúdo na Internet.

Por meio do conceito de "dialética da midiatização" é possível compreender a sinergia das estruturas que embasam a formação de audiências e os aspectos da participação propiciada pelas tecnologias digitais. Dito de outro modo, apesar das circunstâncias de predomínio da financeirização e da manutenção de discursos hegemônicos na Internet, é possível observar fissuras comunicacionais que revelam as disputas por circulação de conteúdos não homogêneos.

Para ampliar essas brechas e para evidenciar os desníveis da lógica dominante imposta, que gera superexposição ao "senso comum", exponho que a partir da reflexão crítica, os sujeitos sociais podem buscar o desenvolvimento de maior autoconsciência sobre os motivos pelos quais seus interesses são configurados em contexto histórico-social, diante de conteúdos hegemônicos.

Como desafio, a trajetória pedagógica deve ser considerada para disseminar sua inserção na rotina da sociedade, assim como questionamentos e reflexões devem ultrapassar ações pontuais de digressão. O indivíduo precisa negar ou provocar afastamentos em relação às formas de alienação que lhe são apresentadas e atuar como observador de negociações forjadas pela indústria midiática.

---

[61] Sobre o ambiente digital, Bastos (2020, p. 200) expõe que, tal como proposto por Sodré (2002), a expressão "mutação digital" parece mais apropriada do que "revolução digital", uma vez não engloba exatamente sequência de descobertas inovadoras, mas etapas de amadurecimento tecnológico dos avanços obtidos de revolução tecnológica.

O ato de afastar-se e reconhecer-se como parte dessa negociação pode proporcionar a transformação de sua perspectiva inicial de interesse em relação aos conteúdos disponibilizados na Internet.

Embora a busca por essa constante prática possa ser exaustiva, assim como no ensino pedagógico, é preciso treino para que a mente possa "filtrar" e analisar as recepções. Nesse caso, o apoio de iniciativas de comunicação comunitária alternativa pode ser fundamental tanto pela sua disponibilidade em estar presente no cotidiano local dos indivíduos quanto pela possibilidade de fornecer outros caminhos para a interpretação e a análise das informações, bem como opções diferenciadas de conteúdo.

E como os processos de transformação devem ocorrer na essência do sujeito, sob as bases das perspectivas histórica e social, a alfabetização crítica para a mídia não somente possibilita que os sujeitos adquiram maior independência interpretativa perante os conteúdos hegemônicos como desenvolvam capacidade de questionarem o "senso comum" para, então, potencialmente compreenderem o ambiente de disputas simbólicas no qual estão inseridos. Nesse caso, a trajetória pedagógica pode ser fortalecida a partir de situações de interesse comum vivenciadas por grupos locais.

7

FLUXOS ATENCIONAIS E MUDANÇA SOCIAL

> *Redes de contenção social ou redes de mobilização e transformação social? Nós que unem ou que apertam? As redes não têm um sentido único. Podem ser um dispositivo para mudanças, porém também um aparato para impedir os câmbios.*
> *(Gabriel Kaplún)*[62]

Se, por um lado, a captura da atenção envolve disputas cotidianas que se intensificam diante dos processos sociais macro-históricos de mediação e midiatização, por outro, de modo muitas vezes velado, são constituídos verdadeiros campos de batalha pelo interesse e pela participação da sociedade em causas comunitárias locais.

Uma vez que a mobilização da sociedade em prol das causas locais adquire contornos mais fortes e evidentes em momentos de ruptura, quando o enfrentamento parece ser a única opção, a consolidação do envolvimento cívico tende a ser enfraquecido pelas estruturas políticas e econômicas instauradas.

Como movimentos efêmeros e minados pelas forças dominantes, o direcionamento de esforços encadeados para a mudança social tende a esvaecer no "plano panorâmico" dos eventos cotidianos, embora sejam mantidas as frentes de atividades concentradas em pequenos grupos atuantes em "plano detalhe" por meio de iniciativas comunitárias.

Porém, diante do processo histórico de mobilização para causas sociais, é evidente a importância de gerar interesse e atrair

---

[62] KAPLÚN, Gabriel. **Entre mitos e desejos**: desconstruir e reconstruir o desenvolvimento, a sociedade civil e a comunicação comunitária. *In*: PAIVA, Raquel (org.). O retorno da comunidade: os novos caminhos do social. Rio de Janeiro: Mauad, 2007, p. 190.

atenção dos indivíduos – ou seja constituir laços, vínculos sociais locais. Por essa vertente, os veículos de comunicação têm atuação fundamental em viabilizar debate em esfera pública constituída de modo plural.

Logo, sendo inevitável a discussão sobre a construção de "laços sociais" e o desenvolvimento de redes de mobilização e transformação social (Kaplún, 2007, p. 190), o principal tema aqui discutido foi a compreensão dos processos de disputa pela atenção humana e o modo como essa dinâmica pode impactar na participação dos indivíduos com as causas locais que afetam diretamente suas vidas.

Enquanto são consideradas as complexidades das disputas por visibilidade e possibilidades de falas no ambiente digital, notícias massificadas e conteúdos homogêneos são disponibilizados para a sociedade e outras tantas informações não são levadas ao público – seja devido a nítidos interesses de pequenos grupos e/ou devido às publicações dos meios de comunicação priorizarem outros critérios relacionados à financeirização e à busca pela atenção dos indivíduos. Em qualquer um dos casos, prevalecem estratégias para a manutenção do poder baseadas em táticas financeiras e ideológicas.

Dessa forma, diante do paradoxo da globalização que vem se aproximando de ações coletivas e movimentos sociais de comunidades locais (Paiva, 2003), avançam mecanismos de controle e de reconfiguração da atenção coletiva em "comunidades digitais" disponíveis em redes sociodigitais na Internet.

Portanto as práticas de ações coletivas precisam ser concebidas diante das limitações impostas pelos modelos de negócio na Internet, estruturas que privilegiam a hierarquização de temas e interesses com consequente (re)direcionamento da atenção coletiva.

Surge a emergência de um campo de disputa específico: a arena da atenção em que sujeitos periféricos e comunidades buscam, por meio da Comunicação Pública, brechas para expor agendas com temas locais em desafio às estruturas tradicionais de controle do circuito midiático, e, em última instância, monopolização das táticas de direcionamento de percepção da sociedade.

Em articulação com o ambiente digital, tais sujeitos periféricos buscam visibilidade, participação política e inserção no circuito midiático da atenção, ora desafiando e enfrentando as noções estabelecidas por grupos hegemônicos, ora tecendo estratégias para manutenção de status e sobrevivência, em articulação com as regras e as estruturas inerentes à plataformização e ao poder midiático.

O volume exponencial de conteúdos provenientes de diferentes plataformas de comunicação dificulta a ativa atuação dos indivíduos no desenvolvimento de percepção crítica para o estabelecimento de filtros de interesse e níveis de participação em relação ao que é produzido e distribuído nos ambientes digitais.

Essa é uma chave fundamental para abertura de portas efetivas em prol da mudança social e de uma sociedade mais justa. A formação de pessoas críticas e atentas ao modo como seus interesses e pensamentos estão sendo moldados perpassa de algum modo por todos os 17 Objetivos de Desenvolvimento Sustentável definidos pela ONU para 2030.

O estudo da Economia Política da Atenção por mim proposto nesse livro demanda desdobramentos futuros visto que traz referências significativas para os eixos de ação indicados pela ONU e também impacta na defesa do comum no século XXI, na constituição de territórios, espaços e esferas digitais que viabilizem a ação comunicativa, a participação social e o pleno exercício da cidadania.

Há um longo percurso a ser percorrido para disseminar e aplicar reflexão crítica sobre o direcionamento de nossos interesses e sobre a constituição do mercado da atenção, horizontes para as redes de mobilização e transformação social. Novos capítulos urgem por serem escritos por cada um de nós; eis o meu desafio ao leitor:

ressignificar no cotidiano a expressão "pay attention!" porque atenção é moeda, mas tempo de vida vai muito além do dinheiro.

REFERÊNCIAS

BASTOS, Pablo Nabarrete. **Dialética do engajamento:** uma contribuição crítica ao conceito. Matrizes, São Paulo, v. 14, n. 1, p. 193-2020, jan./abr. 2020.

BARBOSA, Lívia. **Sociedade de consumo.** Rio de Janeiro: Jorge Zahar Editor, 2004.

BARBOSA, Lívia; CAMPBELL, Colin (org.). **Cultura, consumo e identidade.** Rio de Janeiro: Editora da Fundação Getúlio Vargas, 2006. p. 65-90.

BECKER, Valdecir. A evolução da interatividade na televisão: da TV analógica à era dos aplicativos. **Lumina – Revista do Programa de Pós-Graduação em Comunicação,** Juiz de Fora, v. 7, n. 2, p. 1-30, dez. 2013. Disponível em: https://periodicos.ufjf.br/index.php/lumina/article/view/21070. Acesso em: 31 ago. 2024.

BOURDIEU, Pierre. **Sobre a televisão.** Rio de Janeiro: Jorge Zahar, 1997.

BOLAÑO, César. **Indústria cultural:** informação e capitalismo. São Paulo: Hucitec; Polis, 2000.

BOLAÑO, César. **Sociedade da informação:** reestruturação capitalista e esfera pública global. 1999. Disponível em: http://www.ull.es/publicaciones/latina/a1999c/120siqueira.htm. Acesso em: 10 set. 2023.

BOLAÑO, César; BRITTOS, Valério. **A televisão brasileira na era digital:** exclusão, esfera pública e movimentos estruturantes. São Paulo: Paulus, 2007.

BOLAÑO, César; BRITTOS, Valério. **Livro de Actas – 4º Sopcom.** Política de comunicação e mudança: a TV digital no Governo Lula. 2005. Disponível em: http://www.bocc.ubi.pt/pag/bolano-cesar-politica-comunicacao-mudanca.pdf. Acesso em: 25 maio 2015.

BOLAÑO, César; VIEIRA, Eloy S. Economia política da internet e os sites de redes sociais. **Revista Eptic Online,** v. 16, n. 2, p. 75-88, maio/ago 2014.

BUENO, Francisco. **Dicionário Escolar de Língua Portuguesa**. 10. ed. Rio de Janeiro: Fundação Nacional do Material Escolar; Ministério da Educação e Cultura, 1976.

BRASIL. **Lei n.º 11.652, de 07 de abril de 2008**. Institui os princípios e objetivos dos serviços de radiodifusão pública explorados pelo Poder Executivo ou outorgados a entidades de sua administração indireta; autoriza o Poder Executivo a constituir a Empresa Brasil de Comunicação – EBC. Disponível em: http://www.planalto.gov.br/ccivil_03/_ato2007-2010/2008/lei/l11652.htm. Acesso em: 15 abr. 2023.

BRASIL. **Lei n.º 12.485, de 12 de setembro de 2011**. Dispõe sobre a comunicação audiovisual de acesso condicionado. Disponível em: http://www.planalto.gov.br/ccivil_03/_Ato2011-2014/2011/Lei/L12485.htm. Acesso em: 15 abr. 2023.

BRASIL. **Decreto n.º 5.820, de 29 de junho de 2006**. Dispõe sobre a implantação do SBTVD-T, estabelece diretrizes para a transição do sistema de transmissão analógica para o sistema de transmissão digital do serviço de radiodifusão de sons e imagens e do serviço de retransmissão de televisão. Disponível em: http://www.planalto.gov.br/ccivil_03/_Ato2004-2006/2006/Decreto/D5820.htm. Acesso em: 15 abr. 2023.

BRITTOS, Valério *et al*. TV digital, publicidade e audiência. **Verso e Reverso**, Porto Alegre, v. XXV, n. 58, p. 13-21, jan./abr. 2011.

BRITTOS, Valério *et al*. TV a cabo: a dispersão da audiência. **Biblioteca Online de Ciências da Comunicação**. BOCC – Labcom [*S.l.: s.n.*], [s.d]. Disponível em: http://bocc.ubi.pt/pag/brittos-valerio-tv-cabo-dispersao.html Acesso: 02 maio 2016.

CABALLERO, Francisco Sierra; GRAVANTE, Tommaso. **Networks, movements and technopolitics in Latin America. Critical analysis and current changes**. United Kingdom: Palgrave, 2018.

CABRAL, Adilson. **Nossa TV digital**: o cenário internacional da apropriação social da digitalização da TV. 1 ed. Rio de Janeiro: E-papers, 2015.

CABRAL, Adilson. A web 2.0 como agenciamento de audiências pelos grupos midiáticos contemporâneos. **Logos – Comunicação e Universidades – Revista do Programa de Pós-Graduação em Comunicação da Uerj**, Rio de Janeiro, v. 18, n. 1, p. 152-165, 2011. Disponível em: http://www.e-publicacoes.uerj.br/index.php/logos/article/view/1256/1603. Acesso em: 17 ago. 2023.

CABRAL, Eula D. T.; CABRAL FILHO, Adilson Vaz. Jürgen Habermas (1939-). *In*: AGUIAR, Leonel; BARSOTTI, Adriana (org.). **Clássicos da comunicação** – Os teóricos. v. 1. Rio de Janeiro: Vozes; PUC-Rio, 2017. p. 241-255.

CARPENTIER, Nico. Beyond the ladder of participation. An analytical toolkit for the critical analysis of participatory media processes. **Javnost – The Public**, [S.l.], v. 23, n. 1, p. 70-88, 2016.

CARVALHO, José Murilo de. **Cidadania no Brasil**: o longo caminho. 3. ed. Rio de Janeiro: Civilização Brasileira, 2002.

CASTELLS, Manuel. **Redes de indignação e esperança**: movimentos sociais na era da Internet. Tradução de Carlos Alberto Medeiros. Rio de Janeiro: Zahar, 2013. p 27-49; 161-178.

CASTELLS, Manuel. Internet e sociedade em rede (2000). *In*: MORAES, Dênis. **Por outra comunicação**. 5. ed. Rio de Janeiro: Record, 2010. p. 255-288.

CITTON, Ives. **The ecology of attention**. New York: Polity Press, 2017.

COULDRY, Nick; MEJIAS, Ulises. **The costs of connection**: how data is colonizing human life and appropriating it for capitalismo. Stanford: Stanford University Press, 2019. P. 187-216.

CRARY, Jonathan. **Técnicas do observador**: visão e modernidade no século XIX. Rio de Janeiro: Contraponto, 2012.

CRUZ, Renato. **TV digital no Brasil**: tecnologia versus política. São Paulo: Senac, 2008.

CUSTÓDIO, Leonardo. Panorama global da comunicação comunitária como ação política periférica. **Revista Mídia e Cotidiano**, Rio de Janeiro, n. 10, p. 138-157, dez. 2016.

DANTAS, Marcos. Internet: praças de mercado sob controle do capital financeiro. *In*: CONGRESSO BRASILEIRO DE CIÊNCIAS DA COMUNICAÇÃO, 40., 2017, Curitiba. **Anais eletrônicos** [...] Curitiba: XL Intercom, 2017.

DARDOT, Pierre; LAVAL, Christian. **Comum**: ensaio sobre a revolução no século XXI. São Paulo: Editora Boitempo, 2017. p. 29-89.

DAVENPORT, Thomas H.; BECK, John C. **The attention economy**: understanding the new currency of business. Harvard: Harvard Business Press, 2001.

DUARTE, Jorge. Instrumentos de comunicação pública. *In*: DUARTE, Jorge (org.). **Comunicação pública**: Estado, mercado, sociedade e interesse público. 2. ed. São Paulo: Atlas, 2009. p. 59-71.

DUARTE, Márcia. Comunicação e Cidadania. *In*: DUARTE, Jorge. **Comunicação Pública**: Estado, mercado, sociedade e interesse público. 2. ed. São Paulo: Atlas, 2009. p. 95-115.

ESTEVES, João. Espaço público. *In*: ALBINO, Antônio; RUBIM, Canelas (org). **Comunicação e política**: conceitos e abordagens. Salvador: Editora da Universidade Estadual Paulista, 2004. Disponível em: https://repositorio.ufba.br/ri/bitstream/ufba/134/4/Comunicacao%20e%20politica.pdf. Acesso em: 14 ago. 2023.

FUCHS, Christian. Como podemos definir vigilância?. **MATRIZes**, São Paulo, Brasil, v. 5, n. 1, p. 109–136, 2011. DOI: 10.11606/issn.1982-8160.v5i1p109-136. Disponível em: https://www.revistas.usp.br/matrizes/article/view/38311. Acesso em: 2 set. 2023.

GARCÍA CANCLINI, Nestor. **Culturas híbridas**: estratégias para entrar e sair da modernidade. São Paulo: Editora da Universidade de São Paulo, 1997.

GARCÍA CANCLINI, Nestor. **Consumidores e cidadãos:** conflitos multiculturais da globalização. 4. ed. Rio de Janeiro: Universidade Federal do Rio de Janeiro, 2001.

GARCÍA CANCLINI, Nestor. **Leitores, espectadores e internautas.** São Paulo: Iluminuras, 2008.

GITLIN, Todd. **Mídias sem limite:** como a torrente de imagens e sons domina nossas vidas. Rio de Janeiro: Civilização Brasileira, 2003.

GOHN, Maria da Glória. **Teoria dos movimentos sociais.** Paradigmas clássicos e contemporâneos. São Paulo: Loyola, 1997.

HABERMAS, Jürgen. **New social movements.** Telos, New York, n. 49, p. 33-37, 1981.

HABERMAS, Jürgen. **Teoría de la acción comunicativa:** complementos y estudios previos. 3. ed. Madri: Catedra, 1997.

HABERMAS, Jürgen. **Mudança estrutural da esfera pública:** investigações quanto a uma categoria da sociedade burguesa. Tradução de Flávio R. Kothe. Rio de Janeiro: Tempo Brasileiro, 2003.

HABERMAS, Jürgen. Comunicação política na sociedade mediática: o impacto da teoria normativa na pesquisa empírica. **Revista Líbero**, São Paulo, ano XI, n. 21, jun. 2008. Disponível em https://seer.casperlibero.edu.br/index.php/libero/article/view/592/560 5394. Acesso em: 2 set. 2023.

HJARVARD, Stig, 2015. Da mediação à midiatização: a institucionalização das novas mídias. **Revista Parágrafo**, v. 3, n. 2, 2015. Disponível em: http://revistaseletronicas.fiamfaam.br/index.php/recicofi/article/view/331/339. Acesso em: 17 jul. 2023.

JENKINS, Henry. **Cultura da convergência.** 2. ed. São Paulo: Aleph, 2009.

KAPLÚN, Gabriel. Entre mitos e desejos: desconstruir e reconstruir o desenvolvimento, a sociedade civil e a comunicação comunitária. *In*: PAIVA, Raquel (org.). **O retorno da comunidade:** os novos caminhos do social. Rio de Janeiro: Mauad, 2007. p. 167-194.

KELLNER, Douglas. **A cultura da mídia**: estudos culturais, identidade e política entre o moderno e o pós-moderno. Bauru: Editora da Universidade de Caxias do Sul, 2001.

KELLNER, Douglas; SHARE, Jeff. Educação para a leitura crítica da mídia, democracia radical e a reconstrução da educação. **Educ. Soc.**, Campinas, v. 29, n. 104 - Especial, p. 687-715, out. 2008. Disponível em: http://www.cedes.unicamp.br. Acesso em: 15 set. 2023.

LÉVY, Pierre. Pela ciberdemocracia. *In*: MORAES, Dênis. **Por outra comunicação**. 5. ed. Rio de Janeiro: Record, 2010. p. 367-384.

LIMA, Venício. Cenários de Representação da Política. *In*: RUBIM, Antônio (org) **Comunicação e política**: conceitos e abordagens. Salvador: Editora da Universidade Federal da Bahia, 2004. p. 9-40.

MARTEL, Frédéric. **Mainstream**. A guerra global das mídias e das culturas. Tradução de Clóvis Marques. Rio de Janeiro: Civilização Brasileira, 2012.

MARTÍN-BARBERO, Jesús. **Dos meios às mediações**: comunicação, cultura e hegemonia. Rio de Janeiro: Universidade Federal do Rio de Janeiro, 1997.

MATOS, Carolina. **Mídia e política na América Latina**: globalização, democracia e identidade. Rio de Janeiro: Civilização Brasileira, 2013.

MATOS, Heloísa. Comunicação pública, esfera pública e capital social. *In*: DUARTE, Jorge (org.). **Comunicação pública**: Estado, mercado, sociedade e interesse público. 2. ed. São Paulo: Atlas, 2009.

MATTELART, Armand. Estudiar comportamentos, consumo, hábitos y prácticas culturales. *In*: ALBORNOZ, Luis A. (comp.). **Poder, medios, cultura**: uma mirada crítica desde la economia política de la comunicación. Buenos Aires: Paidós, 2011.

MCLUHAN, Marshall. **Os meios de comunicação como extensões do homem**. São Paulo: Cultrix, 1974.

MCLUHAN, Marshall. **A galáxia de Gutenberg**. São Paulo: Universidade de São Paulo, 1972.

MINISTÉRIO DAS COMUNICAÇÕES. Gabinete do Ministro. **Portaria n.º 489, de 18 de dezembro de 2012**. Aprova a Norma Regulamentar do Canal da Cidadania e revoga os arts. 2º e 4º da Portaria nº 189, de 24 de março de 2010. Disponível em: http://www.mc.gov.br/normas/26251-norma-regulamentar-do-canal-da-cidadania. Acesso em: 10 abr. 2020.

MINISTÉRIO DAS COMUNICAÇÕES. Gabinete do Ministro. **Portaria n.º 57, de 13 de março de 2013**. Acrescenta e altera dispositivos da Norma Regulamentar do Canal da Cidadania, aprovada pela Portaria n.º 489, de 18 de dezembro de 2012. Disponível em: http://www.abratel.org.br/pdf/14.03.13.pdf. Acesso em: 10 abr. 2020.

MORAES, Dênis. **A batalha da mídia**. Governos progressistas e políticas de comunicação na América Latina e outros ensaios. Rio de Janeiro: Pão e Rosas, 2009.

MORAES, Dênis. **Crítica da mídia & hegemonia cultural**. Rio de Janeiro: Mauad X; Fundação Carlos Chagas Filho de Amparo à Pesquisa do Estado do Rio de Janeiro, 2016. p. 61-76; 91-107.

MORETZSOHN, Sylvia. **Jornalismo em tempo real**: o fetiche da velocidade. Rio de Janeiro: Revan, 2002.

MOSCO, Vincent. **Becoming digital**: toward a post-internet Society. Bingley, England: Emerald Publishing, 2017. p. 175-211.

MPA – MOTION PICTURE ASSOCIATION, SICAV – SINDICATO INTERESTADUAL DA INDUSTRIA DO AUDIOVISUAL. **Relatório Impacto Econômico do Setor Audiovisual Brasileiro**. São Paulo, agosto de 2014. Disponível em: http://www.fncp.org.br/web/download/impacto_economico_do_av_bra_mpa_sicav_tendencias.pdf. Acesso em: 15 abr. 2020.

PAIVA, Raquel. **O espírito comum**: comunidade, mídia e globalismo. Rio de Janeiro: Mauad, 2003.

PAIVA, Raquel (org.). **O retorno da comunidade**: os novos caminhos do social. Rio de Janeiro: Mauad, 2007.

PERUZZO, Cicília. **TV Comunitária no Brasil**: histórico e participação popular na gestão e na programação. 2004. Disponível em: http://www.bocc.ubi.pt/pag/peruzzo-cicilia-krohling-tv-comunitaria-brasil-historico-participacao-popular-gestao-programacao.pdf. Acesso em: 25 maio 2015.

PAIVA, Raquel. **TV Comunitária**: dimensão pública e participação cidadã na mídia local. Rio de Janeiro: Mauad X, 2007.

POELL *et al*. Plataformização. **FRONTEIRAS – ESTUDOS MIDIÁTICOS**. v. 22, n. 1, p. 2-10, jan./ abr. 2020. DOI: https://doi.org/10.4013/fem.2020.221.01 Disponível em: https://revistas.unisinos.br/index.php/fronteiras/article/view/fem.2020.221.01. Acesso em: 2 set. 2023.

POSTER, Mark. Cidadania, mídia digital, globalização. *In*: MORAES, Dênis. **Por outra comunicação**. 5. ed. Rio de Janeiro: Record, 2010. p. 315-338.

SCHUDSON, Michael. **Descobrindo a notícia**: uma história social dos jornais nos Estados Unidos. Tradução de Denise Jardim Duarte. Petrópolis: Vozes, 2010. (Coleção Clássicos da Comunicação Social).

SODRÉ, Muniz. **A antropológica do espelho**: uma teoria da comunicação linear e em rede. Petrópolis: Vozes, 2002.

THOMPSON, John B. **A mídia e a modernidade**: uma teoria social da mídia. 11. ed. Petrópolis: Vozes, 1998.

WU, Tim. **The attention merchants**: the epic scramble to get inside our heads. New York: Alfred A. Knopf, 2016.